지은이 야스토미 아유무(安富步)
'나'의 전문가. 우리가 가진 세련되고 정밀한 범주화 기술로 특정하기 힘들지만 나를 파악하는 데 도움이 되는 주제를 공부하는 학자다. 1963년에 태어나 교토대학교 경제학부 졸업 후, 스미토모 은행에서 근무했다. 교토대학교 대학원 경제학과 석사 과정을 마친 뒤, 동 대학 인문과학연구소 연구교수, 나고야대학교 정보문화학부 조교수, 도쿄대학교 대학원 종합문화연구소 정보학 교환교수를 거쳐 현재 도쿄대학교 동양문화연구소 교수로 재직하고 있다. 지은 책으로 『위험한 논어』, 『사는 힘을 길러 주는 경제학』, 『경제학의 출항』, 『화폐의 복잡성』, 『지금을 사는 신란』, 『마이클 잭슨의 사상』, 『누가 어린 왕자를 죽였는가?』, 『만주국의 금융』, 『복잡성을 살다』 등이 있다.

옮긴이 박동섭
학문 간, 지역 간, 연령 간 경계를 가끔씩 쉬어 가며 이동하는 이동연구소 소장이자 독립 연구자. 한국 사회에서 제대로 이해되지 못하는 비고츠키를 제대로 공부하여 소개하고자 애쓰고 있다. 우치다 타츠루의 임상철학과 김영민의 일리의 철학에 깊은 영향을 받고 인간, 사회, 심리, 교육 그리고 배움에 대한 새로운 밑그림을 그리려 시도하고 있다.
『비고츠키 불협화음의 미학』, 『레프 비고츠키』, 『해럴드 가핑클』을 썼고, 『수학하는 신체』, 『아이들이 있는 곳에서부터』, 『보이스 오브 마인드』, 『14세 아이를 가진 부모들에게』, 『스승은 있다』, 『기업적인 사회 테라피적인 사회』, 『심리학은 아이들 편인가』 등을 옮겼다.

단단한 삶

야스토미 아유무 지음 · 박동섭 옮김

단단한 삶

나답게, 자립하고 성장하는 사람이 되기 위하여

유유

+

본문에 나오는 도서 가운데 한국에 출간되지 않은 도서는
책 뒷부분에 서지 정보를 모아 정리해 두었다.

저자 서문
잘 사는 건 생각보다 간단하다

잘 살기 위해서는 어떻게 하면 좋을까? 그것만큼은 아무도 가르쳐 주지 않았습니다. 나는 이미 40대 후반입니다. 인생을 돌아보면 부모님도 선생님도 선배도 그 밖의 주위 사람도 여러 가지를 가르쳐 주었지만 대부분은 자신이 아는 것을 알려 주는 데 지나지 않았습니다. 정작 내게 필요한 '잘 살기 위한 방법'은 누구도 가르쳐 주지 않았습니다.

나는 직업이 학자라 책을 많이 읽었습니다. 그 책들도 거의 어떤 지식을 주입했습니다. '잘 살기' 위해서는 어떻게 하면 좋을지 가르쳐 주는 책은 정말로 적었습니다.

그렇지만 내가 그동안 가르침을 받은 것과 책에서 읽은 것 중에는 중요한 힌트가 들어 있습니다. 실은 이런 가르침 중에 '잘 살기' 위해 필요한 기법이 들어 있을지 모릅니다. '단지 내가 그것을 받아들일 수 없었을 뿐이다'라는 말이겠지요.

최근 몇 년에 걸쳐 이 문제를 깊이 궁리하면서 마침내

나는 잘 살기 위한 방법을 조금씩 알게 되었습니다. 생각해 보니 '간단'한 일이었습니다.

그러나 내가 받은 교육과 배운 학문의 태반은 이 간단한 것을 은폐하도록 되어 있어 찾기가 아주 힘들었습니다. 나를 속박하는 틀에서 벗어나지 않으면 볼 수 없기 때문입니다.

이 책은 이렇게 해서 내가 찾아낸 '잘 사는 방법'을 정리한 것입니다. 다양한 책을 읽고 이것저것 사고하고 많은 사람과 대화하고 이런저런 경험을 쌓은 결과 그 지식을 꽤 활용할 수 있게 되었습니다.

여기에 나오는 내용은 분명 여러분의 인생에 도움이 될 것입니다. 특히 젊은 사람이 참고할 만합니다. 젊으면 젊을수록 속박에서 벗어나기 쉽고, '잘 사는 방법'을 활용할 기회도 많으니까요.

그렇다고는 하지만 내 방법이 옳은지 어떤지 확신할 수는 없습니다. 그러니 이 책의 내용을 무조건 받아들이기보다 독자 스스로 인생을 살아가면서 도움이 되는 부분은 활용하고 그렇지 않은 부분은 흘려버리면 됩니다.

이 책에서 공감한 내용이 있거나 나와 생각이 다른 부분이 있다면 알려 주세요. '잘 사는 방법'을 막 배우기 시작한 나에게 큰 도움이 될 것입니다.

한국어판 저자 서문
진흙탕사회에서 벗어나고자 하는 한국 독자에게

이 책의 내용은 일본어를 기반으로 하는 사회에서 태어나고 자란 나 자신의 경험과 독서에 바탕을 두기는 하지만 그런 이유로 제약을 받지 않는 나름의 '보편성'이 있다고 생각합니다. 이 책이 한국어로 번역되어 한국어 화자가 읽음으로써 내 사고의 보편성이 시험받는 기회를 얻게 되어 기쁩니다.

이 책을 일본어로 출판한 뒤 독자의 반응은 명확하게 두 종류로 나뉘었습니다. "잘 알겠다"라고 말하는 독자와 "전혀 모르겠다"라고 말하는 독자입니다.

이 책을 이해하는 사람은 이보다 더 알기 쉬울 수는 없다고 반응하는 데 비해, 이해하지 못하는 사람은 무슨 이야기를 하는지 전혀 알 수 없다고 반응했습니다. 이 점은 한국어로 번역되어도 크게 다르지 않을 거라 봅니다.

그 차이는 언어와 표현 때문만은 아닐 겁니다. 내가 제일 먼저 제기한 명제 '자립이란 의존하는 것이다'를 받아들일 수 있는지 없는지에 달려 있겠지요. 이 명제를 납득하는 사람은 그 이후 전개되는 이야기가 단순 명쾌하게 다가오지만, 납득할 수 없는 사람은 이 책 전체가 일종의 복잡 기괴한 혼란으로 보일 겁니다.

이 명제를 받아들일 수 있느냐 없느냐는 지식의 많고 적음이나 이해력의 높고 낮음의 문제가 아니라 자신이 그동안 주위 사람에게서 지원을 받고 살아왔는지 아닌지 하는 경험에 크게 좌우될 겁니다. 그리고 이 책 일본어판의 반응을 보면 이른바 지식인은 영혼이 고독해 이 명제를 받아들이지 못하는 데 비해 대학 진학은 꿈도 꿔 보지 않은 사람은 이 책의 이야기를 명쾌하게 이해합니다.

물론 여러분이 '모르겠다' 쪽에 속하는 사람으로 판명되었더라도 이 책을 읽는 것이 시간 낭비는 아닙니다. 왜냐하면 과거의 경험은 바뀌지 않더라도 그 경험을 어떻게 받아들이는가는 바뀔 수 있기 때문입니다.

'모르겠다' 쪽에 속하는 사람으로 판명되었다는 말은 여러분이 아마도 나처럼 '자기혐오'라는 의미 없는 감정으로 고통받고 있음을 뜻합니다. 이 점을 자각한다는 자체가 '자기혐오'에서 벗어나는 첫걸음이 됩니다. (자기혐오에 관해 나는 『당신이 살기 힘든 것은 자기혐오 때문이다』라는 책을 2016년에 출간했습니다. 이 책은 매년 대학에서 『단단한 삶』을 가지고 수업하시는 선생님이 학생의 절반이 항상 부딪히는 문제를 내게 묻고 거기에 내가 대답하는 과정에서 만들어졌습니다. 이 책 또한 "잘 알겠다"라는 사람과 "전혀 모르겠다"라는 사람으로 나뉩니다만.)

일본 사회는 '입장'으로 만들어져 있습니다. 사람과 사람이 만나서 관계를 맺는 것이 아니라 입장이라는 모빌슈트 mobile suit◆ 같은 것으로 몸을 감싸고 입장에 따라서 행동하고 의사소통을 하는 실로 숨 막히는 사회입니다. 이는 회사와 학교뿐 아니라 가정에서도 만연해 있습니다.

한편 한국은 '부모 자식', '형제', '부부', '친구', '선후배' 같은 인간 사이의 관계가 강력한 지배력을 발휘해 개인의 프라이버시 같은 경계를 가볍게 뛰어넘고 엉겨 붙어서, 서로 침범하고 바닥을 알 수 없는 늪처럼 끌어당기는 숨 막히는 사회라고 들었습니다. 그리고 그것을 '진흙탕사회'라고 부른다고요.

이 책은 그러한 사회마다 갖고 있는 다양한 속박의 메커니즘을 논의하지는 않지만 그 숨 막힘에서 빠져나오는 길을 찾습니다. 속박의 종류는 다르더라도 거기에서 빠져나올 수 있는 길에는 차이가 없습니다.

그 길은 '이럴 때는 이렇게 하면 된다'처럼 '매뉴얼'을 내놓지는 않지만 자기 자신을 옥죄고 있는 속박을 응시하

◆일본의 로봇 애니메이션 '기동전사 건담 시리즈'에 나오는 인간형 기동병기의 명칭.(옮긴이)

고 이해하고 벗어나는 길로 나아가기 위한 지식을 알려 줍니다.

나는 이 지식이 '입장사회'뿐 아니라 '진흙탕사회'에서도 도움이 되리라고 믿습니다.

2017년 9월 6일
나가노현 시모이나군 야스오카촌에서
야스토미 아유무

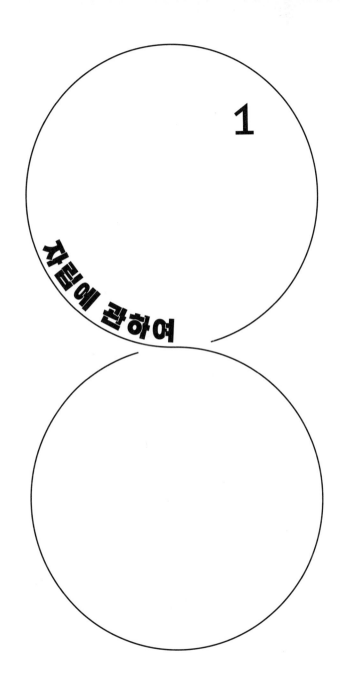

1

자립에 관하여

제일 먼저 '잘 사는 방법을 알기 위한 근본 원리'를 제시하면 다음과 같습니다.

명제 1-1

자립은 많은 사람에게 의존하는 것이다.

많은 사람이 '자립은 누구에게도 의지하지 않는 것이다'라고 오해합니다. 물론 나 자신도 오랫동안 그렇게 믿어 왔습니다. 그러나 최근에 그것이 틀렸음을 알게 되었습니다. 이 원리를 발견한 사람은 나카무라 히사시中村尙司라는 경제학자입니다. 나카무라 선생은 초등학생 무렵부터 60년 동안 '자립은 무엇인가'를 숙고한 결과 마침내 '자립은 의존하는 것이다'라는 놀라운 해답에 도달했습니다. 이 명제는 나카무라 선생의 「당사자성當事者性의 탐구와 참가형 개발 — 스리랑카에서 본 대학의 사회 공헌 활동」이라는 논문에 나옵니다.♦

이 논문에서 나카무라 선생은 오랫동안 이 점을 어렴풋하게나마 자각하고 있었는데 코지마 나오코小島直子 씨의 자서전을 읽고 나서 확신을 갖게 되었다고 밝혔습니다.

코지마 씨는 뇌성마비를 앓아 손과 발을 거의 움직이지 못하는데 많은 사람에게 의존함으로써 자립하게 되었고 지금은 혼자 힘으로 살고 있습니다. 코지마 씨의 자서전 제목이 조금 충격적인데 『입에서 똥이 나오도록 수술해 주세요』입니다. 이 제목의 의미를 코지마 씨는 어느 인터뷰에서 다음과 같이 말했습니다.

친구에게서 어느 날 "만약 한 가지 꿈을 이룰 수 있다면 어떤 꿈이 이루어지면 좋겠어?"라는 질문을 받았습니다. 그녀는 "장애를 없애 주면 좋겠다"라고 내가 대답할 것이라고 생각한 모양입니다. 하지만 나는 "입에서 똥이 나오도록 해 주면 좋겠다"라고 대답했습니다. 그녀는 매우 놀랐지만 나는 '장애가 사라진다'는 가정은 전혀 할 수가 없습니다. 아니 그것보다도 무엇이 '장애'인지 잘 몰랐습니다. 지금도 그렇기는 합니다. (뉴미디어 인권기구 www.jinken.ne.jp/chal-

---

♦ 사이토 후미히코(斎藤文彦) 편저, 「참가형 개발 — 가난한 사람이 주역이 되는 개발을 향하여」(니혼효론샤, 2002)에 수록되었다.

나는 코지마 씨 같은 이른바 신체기능의 심각한 결함은 없습니다. 하지만 몇 가지 다른 문제가 있습니다. 예를 들면 시력이 나빠 안경 없이는 방 안에서조차 다닐 수가 없습니다. 알레르기가 심해서 일 년 내내 코가 막혀 있습니다. 그래서 말할 때 소리가 새거나 코딱지가 심해 괴로움을 겪는 등 모양새가 좋지 않습니다. 코가 민감해서 재채기를 잘하고 조용히 해야 하는 상황에서 예외 없이 코가 근질근질해서 재채기를 연발해 주위에서 빈축을 삽니다. 어깨 근육이 잘 뭉쳐서 조금만 의자에 앉아 있어도 힘들어져 자주 마사지를 받지 않으면 살아갈 수가 없습니다.

정신적으로도 이래저래 문제가 큽니다. 어머니와의 관계에 근본적으로 문제가 있다 보니 여성을 만날 때 상대방이 조금 친절하게 대해 주면 금방 마음이 흔들리는 심각한 약점이 있습니다. 그것 때문에 몇 번이나 호되게 당한 경험이 있고 반대로 상대방을 아주 힘들게 하기도 했습니다. 썰렁한 농담을 해서 분위기를 망친 경우도 종종 있습니다. 무엇인가에 쉽게 집중을 잘해서 거기에 정신을 뺏기면 옆 사람이 말을 걸어도 귀에 들어오지 않습니다.

이런 약점이 있으니 나도 다름 아닌 '장애인'입니다. 코지마 씨가 무엇이 '장애'인지조차 잘 모른다고 말했듯이 그녀 같은 '장애인'과 나 같은 이른바 '정상인'은 본질적인 차이가 없습니다. 내 귀는 보통 사람만큼 들리지만 귀가 예민한 사람에 비하면 택도 없을 정도로 들리지 않습니다. 이러한 사람에 비하면 내 귀는 '부자유'합니다. 다리도 그럭저럭 사용할 수 있지만 육상선수의 다리에 비하면 한심할 정도로 도움이 되지 않습니다. 내 다리도 '부자유'합니다. 육상선수도 음악가에 비하면 귀가 부자유하고 음악가도 버드워처birdwacher♦에 비하면 눈이 부자유합니다. 코지마 씨의 건전한 정신에 비해서 나의 비굴하고 오만한 정신이 훨씬 뒤틀려 있는 것은 확실합니다.

　대부분의 사람은 어떤 정신의 결함 때문에 기묘한 행위를 하는 경우가 있습니다. 그것은 거의 불가피한 일이며 정신적으로 완벽한 성인聖人 같은 사람은 이 세상에 존재하지 않습니다. 누구든 어떤 형태의 '장애'를 갖고 살아갑니다. 적어도 나이를 먹으면 어딘가 몸 상태가 나빠집니다.

　그러므로 나도 여러분도 누군가에게 의존하지 않으면 살아갈 수 없다는 것은 정도의 차이는 있더라도 코지마 씨와 똑같습니다. 코지마 씨가 많은 사람에게 의존함으로서 자립하는 이상 나도 여러분도 많은 사람에게 의존해야만 비로소 자립할 수 있습니다. 나카무라 선생은 여기에서 다음

♦자연을 훼손하지 않으면서 새의 모습이나 울음소리를 즐기는 사람. 탐조가(探鳥家)라고도 한다.(옮긴이)

과 같은 원리에 도달했습니다.

명제 1

자립은 의존하는 것이다.

이 원리에 도달했을 때 나카무라 선생은 그때까지 써 온 자립에 관한 문장을 모두 버리고 싶었다고 합니다. 나는 이 원리가 경제학 역사상 최대의 발견이라고 생각합니다. 이 원리는 경제학뿐 아니라 인간과 사회에 관한 근대적인 시점을 근본부터 바꿔 버리는 결정적인 혁명을 가져올 겁니다. 2002년의 이 발견으로 그 이전의 사회과학은 거의 무의미해졌습니다.

20세기의 사회과학이여 잘 가세요!

21세기의 사회과학이여 어서 오세요!

철학자 칸트는 천동설을 부정하고 지동설을 제창한 코페르니쿠스의 혁명 같은 인식상의 대전환을 '코페르니쿠스적 전환'이라고 불렀습니다. 나카무라 선생이 발견한 원리는 다름 아닌 현대의 코페르니쿠스적 전환입니다. 마치 항문에서 나오는 것이 당연하다고 생각하던 똥이 입에서 나오는 편이 낫다는 것 같은 인식의 180도 전환입니다.

발견자의 이름을 따서 이 원리를 '코지마-나카무라 원리'라고 부르겠습니다. 이 말에 좀 거부감이 드는 사람은 '입에서 나오는 똥의 원리'라고 불러도 상관없습니다.

이 원리를 좀 더 설명하겠습니다. 나카무라 선생은 이 명제를 좀 바꾸어서 "자립은 의존하는 대상이 늘어나는 것이다"라고 말했습니다. 이 표현은 조금 부정확한 듯하니 다음과 같이 수정하겠습니다.

명제 1-2

의존하는 대상이 늘어날 때
사람은 더욱 자립한다.

종종 사람들은 '자립해야 한다'는 말을 '다른 사람에게 의존하지 말아야 한다'고 생각합니다. 이 생각은 다음과 같은 잘못된 신념의 반영입니다.

자립은 타인에 대한 의존에서 벗어나는 것이다.

　이런 잘못된 명제를 믿으면 어떤 일이 일어날까요? 지금까지 의존하던 사람에게 가능한 한 의존하지 않으려고 하며 의존할 곳을 줄이게 됩니다. 그러나 그렇게 해서 의존할 곳을 점점 줄이더라도 그 누구에게도 전혀 의존하지 않는 상태에 이르기는 불가능합니다.

　인간은 누군가에게 의존하지 않고는 살아갈 수 없는 동물입니다. 온전히 혼자가 되어서 산 깊은 곳에 틀어박혀 자급자족하는 것은 평범한 사람에게는 불가능한 일입니다. 설령 산 깊은 곳에 틀어박혀 산다고 해도 그 산의 나무를 채벌하지 않는 사람에게 의존하는 것이나 다름없습니다. 그렇다면 누구에게도 의존하지 않는 것은 불가능합니다. 의존할 곳을 점점 줄여 나가도 모든 것을 끊을 수는 없습니다. 마지막으로 결코 끊을 수 없는 곳은 남게 됩니다.

　만약 그렇게 의존하는 곳에서 "그런 일을 하면 너를 더 이상 도와주지 않을 거야!"라는 말을 듣게 되면 반드시 그 사람의 말을 들어야 합니다. 설령 노골적으로 그런 말을 듣지 않더라도 '이 사람에게서 버림받으면 나는 끝이야!'라고 생각하게 되고 결국 그 사람에게 종속하게 됩니다. 의존할 곳을 점점 줄여 소수의 타인에게 의존하는 것이야말로 타인에게 종속하는 상태입니다. 이러한 사실에서 다음과 같은 명제를 얻을 수 있습니다.

명제 1 - 3

의존할 대상이 감소할 때
사람은 더욱 종속된다.

이 명제는 이렇게 바꿔 말할 수 있습니다.

명제 1 - 4

'종속'은 의존할 수 없다는 뜻이다.

만약 당신이 주위 사람에게 도움을 받아서는 안 된다거나 혼자서 어떻게든 해 보겠다고 생각한다면 그 생각이야말로 당신을 다른 사람에게 종속하는 원인입니다.

물론 무엇이든지 다른 사람에게 의지하려고 하고 주위 사람들이 도와주지 않는다고 화를 내면 미숙한 사람입니다. 그러나 자신이 곤란을 겪을 때 도움을 청하지 않는 것 또한 미숙의 반영입니다. 그러므로 이 경우 다음과 같은 명제를 얻을 수 있습니다.

명제 1-5

"도와주세요"라고 말할 수 있을 때
당신은 '자립'한 것이다.

지금까지 내가 열거하고 설명한 명제가 혹여 '상식'에 역행하는 내용이어서 충격적일 수도 있습니다. 이렇게 단정적인 화법으로 말해도 믿기 어려워할 사람이 많을 것입니다. 이 원리를 발견한 나카무라 선생조차 60년이라는 세월이 걸렸습니다. 이 명제를 납득하기란 쉽지 않습니다.

나 자신이 이 명제를 믿게 된 과정이 여러분에게 참고가 될 것입니다. 나도 나카무라 선생과 똑같이 "자립은 의존하지 않는 것이다"라는 잘못된 명제를 오랫동안 믿고 있었습니다. 그래서 내가 누군가에게 의존하지 않으면 살아갈 수 없다는 것에 죄의식을 느꼈고 거기서 발생하는 불안 때문에 언제나 나 자신을 책망했습니다.

내가 이 상태에서 벗어나기 시작한 것은 최근 10년 정도의 일입니다. 그 무렵 나는 이미 도쿄대학의 조교수가 되었고 박사논문을 출판해서 닛케이日經 경제도서문화상도 수상했습니다. 개인적으로는 이미 10여 년 전에 결혼해서 아이가 두 명 있었습니다. 누가 어떻게 보더라도 만족스러운 생활을 하고 있다고 여겨졌을 것입니다. 누구도 나의 생활을 '불행하다'라고는 전혀 생각하지 않았을 겁니다.

그러나 사실 나는 계속 말 못할 정도로 불행했고 언제나 자살을 고민했습니다. 지금도 가끔씩 입 밖으로 내뱉는 말인데 당시에는 나 자신도 모르게 "죽고 싶다"라고 혼잣말로 중얼거렸습니다. 이 혼잣말은 초등학생 무렵부터 시작된 '습관'입니다. 30대 후반에는 학창시절에 바라던 것을 거의 모두 이루었습니다. 그럼에도 나의 절망과 고독은 조금도 사라지지 않았습니다. 그러다가 급기야 도대체 무엇을 목표로 인생을 살아가면 좋을지 알 수 없게 되고 말았습니다. 절망과 고독에서 벗어나기 위해 뭔가 목표를 설정하고 실현하기 위해 열광적으로 일함으로써 어떻게든 살아가던 나에게 목표의 '상실'은 말 그대로 살아갈 의욕의 상실을 의미했습니다.

특히 당시의 결혼생활은 나에게 고통 이외에 아무것도 아니었습니다. 나는 배우자에게서 '정신적 폭력'moral harassment을 당하고 있었습니다. 배우자 마음에 딱 드는 좋은 남편상을 주입받고, 나의 인격 중 배우자가 선호하는 부분만 인정받았으며 그 외의 부분은 무시당하고 짓밟혔습니다.

나는 언제나 머릿속에 이것저것 생각할 거리를 갖고 거기에 집중하는 편이라 종종 일상생활이 순조롭지 못합니다. 예를 들면 옷을 벗어 그대로 둔다든지 전원을 계속 켜 놓는다든지 눈앞에 있는 물건을 인식하지 못해서 부딪히거나 가져가야 할 물건을 제대로 준비하고는 현관에 두고 간다든지……. 이런 일은 같이 사는 사람에게는 큰 스트레스를 줍니다.

따라서 내 배우자는 속으로 이런 내가 싫어서 괴로울 지경이었습니다. 그러나 다른 한편으로 나의 학자로서의 재능과 독특한 어법 같은 특징은 마음에 들었겠지요. 그리고 나의 비굴한 성격을 간파해서 지배하기 쉽겠다고 예상했을 겁니다. 이 전체적인 상황을 저울질하고 자신의 결혼 가능성과 직업 등을 감안해서 나와 결혼하기로 결심했을 것입니다.

'결혼생활'로서 이런 방식은 아주 평범할지 모릅니다.

그러나 결국 파괴적이었습니다. 내 배우자는 나의 전 인격을 계속 혐오하면서 그 몇 가지 특성에 집착한 것에 지나지 않았기 때문입니다. 그리하여 나는 배우자 마음에 드는 부분만 받아들여지고 다른 부분은 철저하게 공격당하는 상태에 빠졌습니다. 이것이 '정신적 폭력'이라는 현상의 본질입니다.

나에게 정신적 폭력이라는 올가미를 씌우기 위해서 배우자는 나의 결점을 철저하게 이용했습니다. 앞에서 말한 나의 특징인 단정하지 못하거나 준비성이 부족한 행동을 발견하면 통렬하게 비판하거나 격하게 화를 냈습니다. 또한 별것 아닌 구실을 대어 야비한 공격을 가했고, 이러한 행동을 반복해 나에게 깊은 죄의식을 갖게 했습니다. 이렇게 정신적 우위를 확립한 상태에서 배우자는 나에게 "당신은 내가 말하는 것만 들으면 돼요"라고 단언했습니다. 이렇게 해서 나는 배우자의 정신적 노예가 되었습니다. 왜 이렇게 쉽게 노예 상태에 빠지는지 이상하게 생각하는 사람도 있을 것입니다. 그러나 이러한 현상은 아주 흔합니다.

내가 쉽게 지배당한 이유는 내가 어머니에게 갖고 있던 무의식적인 공포심을 배우자가 철저히 이용해서 똑같은 공포심을 갖도록 조작했기 때문입니다. 어머니에게 공포심이 생긴 것은 기본적으로는 사랑받지 못했기 때문입니다. 나의 어머니는 내 배우자와 똑같이 내가 갖고 있는 특질의 어느 부분만을 계속 선호하고 나의 전 인격을 받아들이는 것을 철저하게 거부했습니다. 내가 받은 사랑은 무조건적인 것이 아니라 늘 조건이 붙어 있었습니다. 어머니는 뭔가를 달성해야만 비로소 조금만, 그것도 거짓인 애정을 보여 주었습니다.

따라서 나는 어린 시절 매일 음울한 기분으로 살았습니다. 납빛 하늘 아래에 있는 듯한 느낌이었습니다. 그 느낌은 집에서 독립해 대학에 가고 나서 크게 줄어들었지만 바로 그 어릴 때의 괴로운 느낌이 결혼하고 나서 얼마 지나지 않아 되살아났습니다. 납빛 하늘 아래서 10년 이상 지내다 보니 정신적으로도 신체적으로도 견디기 힘든 상태가 계속되었습니다. 그리고 40세가 되었을 때 건강도 계속 나빠져서 이 상태로 결혼생활을 지속하면 5년을 넘길 수 없을 것 같았습니다.

그 무렵 공동연구자의 권유로 중국 산시성陝西省의 황토고원에서 실시하는 현장 연구에 참가했습니다. 여기서 나는 주쉬비朱序弼라는 인물을 만났습니다. 주 씨는 사막과 황토고원의 경계선에 있는 위린이라는 도시를 중심으로 그 지역의 녹화 활동에 50년 이상 공헌한 식림기사植林技士입니다. 주 씨는 오로지 녹화 일만 고민하며 동분서주했습니다.

다만 그 활동으로 보수를 받는 것은 거부했습니다. 그리고 누가 돈을 주면 단 한 푼도 손을 대지 않고 묘목 구입 등에 사용했습니다.

주 씨는 임업연구소를 퇴직한 직원이기 때문에 작은 집과 얼마 안 되는 연금을 받고 있어서 먹고사는 걱정은 없었지만 생활이 빈곤했습니다. 그럼에도 아무것도 받으려고 하지 않았습니다. 왜 그렇게 사는지 처음에는 그 이유를 잘 몰랐습니다. 그러나 몇 년 정도 주 씨와 만나다 보니 그런 삶의 방식이 그에게 매우 중요한 전략이라는 사실을 알게 되었습니다.

'돈을 받지 않고 식목에 몰두하는' 그의 삶의 방식 때문에 많은 사람이 주 씨를 깊이 존경하고 있었습니다. 주 씨 주위 사람들은 각자의 지위와 힘이 허용하는 한 그를 어떠한 형태로든 도우려고 합니다. 예를 들어 주 씨가 병에 걸리면 이 일은 정말 중대하기 때문에 모두 급하게 달려와서 그를 치료하기 위해 도움을 줍니다. 이러한 도움을 그는 거절하지 않습니다. 곧 돈을 받지 않음으로써 그는 많은 사람에게서 무상의 원조를 받을 수 있게 된 것입니다. 그는 '뭔가 곤란한 일이 생기면 누군가가 도와준다'고 확신했고 아무것도 두려워하지 않습니다. 그는 지금도 안심하고 녹화 활동에 몰두하고 있습니다.♦

♦ 주 씨의 활동에 관해서는 다음 책 참조. 후카오 요코(深尾葉子), 야스토미 아유무(安冨歩) 편저, 『황토고원·푸르름을 이어 나가는 사람들―'녹성'(綠聖) 주쉬비를 둘러싼 움직임과 이야기』 (후쿄샤, 2010)

32

나는 주 씨의 삶의 방식이 '무소유'라는 전략이라고 생각했습니다. 그는 소유하지 않음으로써 많은 사람에게 의존할 수 있는 관계를 구축해 왔습니다. 주 씨는 무소유라는 전략으로 많은 사람에게 의존하고, 그렇게 자립해 있었습니다. 이러한 삶의 방식을 취하는 사람은 일본에도 있겠지만 바로 눈앞에서 내가 목격한 것은 주 씨가 처음입니다.

이 경험을 통해서 나는 간디의 전기 등에서 볼 수 있는 무소유의 방식으로 세계를 '집'으로 삼아 걱정 없이 사는 삶이 실제로 가능하다는 사실을 알게 되었습니다.

이 사실은 내게 매우 큰 충격을 주었습니다. 그래서 간디를 비롯해서 무소유라는 전략을 활용한 사람을 조사해 보았습니다. 그리고 그 전략이 간단하지는 않더라도 확실히 실효성이 있음을 확인했습니다. 또한 이 '의존하여 자립하기'라는 삶의 방식이 화폐를 이용하더라도 가능하다는 것을 알게 되었습니다. 곧 자신이 의존할 수 있는 상대를 만들어 내기 위해서 화폐를 사용하는 방법 또한 무소유와 똑같이 유효했습니다.

자립한 사람은 혼자서 무엇이든지 할 수 있는 사람이 아니라 자기가 곤란하면 언제든지 누군가에게 도움을 받을 수 있는 사람이고 그러한 인간관계를 잘 관리하는 사람을 가리킨다는 것을 자각하게 되었습니다. 그러한 인간관계는 화폐를 이용하든 이용하지 않든 만들 수 있습니다(화폐의 옳은 사용방식은 4장에서 상세하게 논의하겠습니다).

이러한 것을 생각하는 과정에서 나는 나카무라 선생의 논문을 만났습니다. 그리고 "자립은 의존하는 것이다"라는 명제가 내가 자각하는 것의 본질임을 알게 되었습니다. 이렇게 해서 나는 누군가에게 의존하는 것을 주저하지 말자고 결심했습니다.

이 자각은 나의 생활에 근본적인 영향을 주었습니다. 먼저 나는 배우자에게 종속당하는 것을 끝내기로 결심하고 집을 나왔습니다. 그때까지는 집을 나온 후에 도대체 어떻게 하면 좋을지 알 수 없었지만 도움을 줄 사람에게 의지해서 앞으로 나아가면 된다고 믿고 집을 나왔고, 현재의 파트너를 비롯해 여러 친구에게 의존하면서 이 상태에서 빠져나올 수 있도록 전력을 다했습니다.

이혼하려고 결심했을 때 부모, 특히 어머니가 철저하게 방해해서 깊은 충격을 받았습니다. 그리고 오랜 알력 끝에 나는 어머니가 나를 사랑하지 않는다는 놀라운 사실을 깨달았습니다. 이 과정에서 몇 번이나 자살하고 싶은 충동을 느꼈습니다. '이혼 같은 망신스러운 일을 하느니 깨끗하게 자살하라'는 메시지를 내 안에서 생생하게 느꼈고 이것이 어머니가 나에게 무언의 압력을 가해 만들어졌다고 생각하게 되었습니다. 곧 어머니가 나를 다루는 방식이야말로 나의 죄의식과 불안의 원천임을 알았습니다. 어머니의 방식은 애정을 가진 척하면서 자신에게 필요하고 도움이 되는 자식상을 강요하는 음습한 폭력이었습니다. 애정이 아니라 폭력으로 키워진 탓에 내가 죄의식과 불안에 시달리는 비뚤어진 마음의 인간으로 성장한 것입니다.

나는 부모와 인연을 끊었습니다. 그 순간 나의 자살 충동은 사라졌습니다. 동시에 배우자에 대한 공포심도 사라졌습니다. 뒤이어 친척과의 관계도 끝이 났습니다. 부모가 나의 이혼 사실을 친척과 지인 들에게 계속 숨겼기 때문입니다. 아마 지금도 숨기고 있을 것입니다. 바로 체면 때문에 그렇습니다.

이렇게 힘든 과정을 겪고 난 끝에 나는 깨끗하게 이혼했습니다. 이 과정에서 나의 친구와 동료가 나의 삶의 방식을 두려워하게 되었고, 많은 사람이 내가 가려는 길을 방해하며 내가 그것을 거부하면 떠나갔습니다. 그러나 나는 고독해지지 않았습니다. '잘 사는 방법'을 진지하게 생각하다보니 연구 분야와 연구 테마도 크게 바뀌고 예전 인간관계의 많은 부분을 잃었지만 그와 동시에 새로운 친구, 새로운 공동연구자를 만나서 새로운 관계를 맺게 되었습니다.

새로운 인간관계는 예전과 완전히 달랐습니다. 예전의

인간관계는 사람을 만나면 늘 '속박'으로 바뀌어서 다른 사람에게 부담을 주었습니다. 따라서 나는 새로운 사람을 알게 되는 것을 두려워하는 나 자신과 늘 싸웠습니다.

그런데 새로운 인간관계는 인연이 생기면 연결되고 인연이 다하면 끊어지며 자연스럽게 흘렀습니다. 이러한 관계의 흐름 속에서 나는 예전에 나를 힘들게 하던 죄의식과 불안을 별로 느끼지 않게 되었습니다.

물론 과거의 정신적 장애에서 자유로워진 것은 아니고 지금도 수없이 시시하고 쓸데없는 일을 해서 실패를 거듭합니다. 특히 일상생활에서 텔레비전을 켜고 그대로 둔다든지, 이야기에 집중하지 않는 것은 여전해서 많은 사람에게 폐를 끼치고 있습니다. 하지만 그럴 때마다 자기부정이 쌓여서 죄의식이 심해지는 일은 없어졌습니다.

내가 코지마-나카무라 원리를 믿게 된 것은 이 같은 긴 과정을 통해서였습니다. 왜 이런 과정으로 이 원리를 믿게 되었는지 도무지 모르겠다고 생각하는 독자도 많을 것입니다. 이 원리는 이해할 수 있는 사람은 당연하게 이해할 수 있지만 납득할 수 없는 사람은 결코 납득할 수 없다고 생각합니다. 납득할 수 없는 사람은 일단 이 원리를 '가설'로 상정하고 계속해서 나의 논리를 따라와 주면 됩니다.

혹여 이런 논의를 읽다 보니 기분이 나빠져 몸이 이상

해졌다고 느끼는 사람은 유감이지만 이쯤에서 멈추고 책을 덮으세요. 그리고 책장 깊숙이 넣어 두고 언젠가 문득 떠오를 때 다시 읽어 보면 도움이 될지 모릅니다.

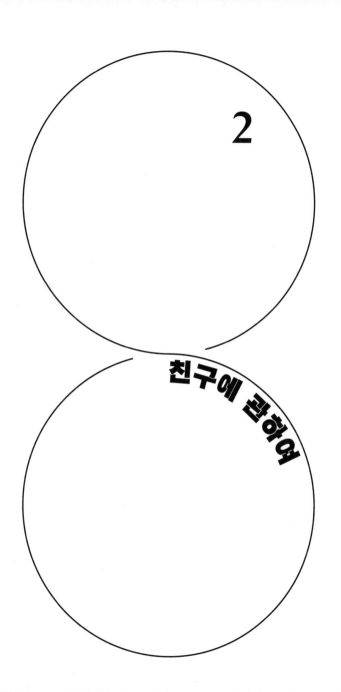

2

친구에 관하요

'자립'한다고 말할 때 누구에게서 자립하는가 하면 먼저 부모이지요. 인간은 태어나서 대개 곧바로 부모에게 의존하기 때문입니다. 적어도 젊은이에게 자립은 "부모에게서 자립하는 것이다"라고 말할 수 있겠지요.

 하지만 젊은이 이외의 어른이 부모에게서 자립하는가 하면 그렇지도 않습니다. 매우 많은 어른이 부모에게서 자립하지 못하고 인생을 마칩니다. 인간에게는 그 정도로 부모에게서 자립하는 일이 쉽지 않습니다.

 부모에게서 자립하기 위해서는 부모 이외의 사람에게 의존해야만 합니다. 무엇보다 자신보다 위에 있는 사람이 아니라 자신과 대등하게 관계를 맺을 사람, 곧 '친구'를 만드는 것이 중요한데 그것이 어렵기 때문에 좀처럼 부모에게서 자립할 수 없습니다.

 그러면 친구란 어떤 존재일까요? 나는 이렇게 생각합니다.

친구는 인간으로서 서로 존중하는
관계의 사람을 가리킨다.

자신보다 지위가 높거나 나이가 많은 사람이라도 대등하게 관계를 맺을 수 있다면 그는 친구입니다. 여기서 말하는 '대등'이란 반말을 하는 관계가 아닙니다. 자신보다 나이가 많은 사람에게 그러는 것은 실례 그 이상도 이하도 아닙니다. 그것이 아니라 인간으로서 서로 존중한다는 의미입니다.

인간으로서 서로 존중한다는 것은 상대가 생각하는 것과 느끼는 것을 올바르게 인식할 수 있도록 서로 세심하게 주의를 기울인다는 뜻입니다. 혼자서 상대에 관해서 자기 마음대로 상을 만들어 강요하는 행동은 상대에게 굴욕감을 줍니다.

예를 들어 상대가 지위가 높은 사람이라고 합시다. 그 사람에게 '지위가 높은 사람'이라는 꼬리표를 붙여 '지위가 높은 사람 취급'을 하고 기계적으로 '지위가 높은 사람 취급 설명서'를 적용하는 것은 그 사람에게 굴욕입니다.

일견 지위가 높은 사람을 지위가 높은 사람으로서 대하기 때문에 실례가 되지 않는다고 생각할 수도 있지만 그 사람 본연의 상을 탐구하는 노력을 방기하고 '지위가 높은 사람 취급'을 한다면 그것은 굴욕이 됩니다.

아무리 입장이 달라도 상대의 진짜 모습, 진짜 생각, 진짜 감각을 탐구하는 것이 서로 존중하는 것입니다. 이것이 인간으로서 대등하다는 말의 의미입니다.

명제 1-7

서로 인간으로서 존중한다는 말은
서로의 진짜 모습을 늘 탐구하고
자기가 만든 상을 강요하지 않는다는 뜻이다.

이런 관계의 사람을 '친구'라고 부르겠습니다. 친구라고 생각하고 만나는 사람이 이 의미의 친구인지 아닌지 구별하는 방법 중 하나는 그 사람이 자신을 '친구로서 대하고' 있는지 아닌지 묻는 것입니다. 혹시 그 사람에게서 "친구 아냐?"라는 말을 들었다면 곧바로 절교하는 것이 좋습니다. 왜냐하면 '친구'라는 꼬리표를 붙이는 자체가 그 사람이 친구가 아니라는 뜻이기 때문입니다.

그 사람은 어떤 의미에서 당신을 이용하려는 것뿐입니다. "너는 이런 사람이지!"라는 꼬리표를 붙이는 것도 똑같습니다. 그리고 "네가 ○○라고 했잖아"라고 말하고 무엇을 시키려는 사람도 주의해야 합니다. 이런 사람은 친구라 할 수 없습니다.

친구를 만드는 데 무엇보다도 중요한 원칙이 있습니다. 바로 다음과 같은 것입니다.

명제 2

누구하고나 사이좋게 지내서는 안 된다.

친구 만들기의 대원칙입니다. 누구하고나 사이좋게 지내려고 하면 친구를 만드는 것은 거의 불가능합니다. 왜냐하면 세상에는 강요하는 사람이 많기 때문입니다. 누구하고든 사이좋게 지낸다는 것은 강요하는 사람과도 만나서 사귄다는 말입니다.

자신을 인간으로서 존중해 주는 사람과 자신에게 강요하는 사람을 구분하지 않고 양쪽 모두 똑같이 사이좋게 지

44

내려고 하면 어떤 일이 일어날까요? 강요하는 사람은 당신을 이용하려고 하기 때문에 이렇게 말합니다.

"친구 아냐?"

"너는 이런 사람이지!"

"네가 ○○라고 했잖아."

이런 말로 당신에게 죄책감을 느끼게 해서 자신에게 도움이 되는 것을 시킵니다. 그렇게 되면 당신의 시간과 능력과 친구 관계와 돈과 용모 등 당신이 살아가기 위한 자원을 그 사람이 야금야금 마음대로 사용하게 됩니다.

그에 비해 당신을 존중하는 사람은 그런 일을 하지 않습니다. 당신을 존중하는 진짜 친구는 당신이 싫다고 하는 것을 시키지 않습니다.

그 결과 누구하고도 사이좋게 지내려고 하면 강요하는 사람과 사귈 빈도가 높아지고 당신을 존중하는 사람과 만날 가능성은 적어집니다. 그렇게 되면 당신을 존중하는 사람은 '이 사람은 별로 좋지 않은 느낌이 드는 사람과 사귀고 싶어 하지 나와는 만날 마음이 없구나. 그러면 당신 좋을 대로 하세요' 하고 잠자코 당신과 친구 관계를 맺는 것을 그만두고 맙니다. 그렇게 해서 어느샌가 당신 주위에는 당신에게 강요하는 사람만 남아 이렇게 될 수 있습니다.

누구하고든 사이좋게 지내려고 하면
누구하고도 사이좋게 될 수 없다.

타인에게 강요한다는 것이 어떤 마음 상태인지 조금 생각해 봅시다. 사람은 자신이 받아들여지는 경험을 하면 타인을 받아들일 수 있게 됩니다. 이에 비해서 자신이 받아들여지지 못하고 어떤 상을 강요당한 경험이 있으면 다른 사람에게도 똑같은 일을 합니다. 특히 어릴 때의 경험이 아주 중요합니다. 사람은 살아가는 데 필요한 기본 태도를 어릴 때의 경험에서 획득하기 때문입니다.

일부 사람은 어릴 때 받아들여진 경험만을 갖고 있습니다. 반대로 일부 사람은 그러한 경험이 전혀 없습니다. 그리고 대부분의 사람은 양쪽 경험을 모두 갖고 있습니다.

타인에게 받아들여진 경험만을 갖고 있는 사람은 타인에게 상을 강요하는 일을 하지 않습니다. 그리고 그런 일을 당하면 강한 불쾌를 느끼고 그 불쾌를 표현하되 의견이 받아들여지지 않으면 그 자리를 떠납니다.

이러한 태도를 '창조적 태도'라고 부르겠습니다. 쌍방

이 서로 인간으로서 존중하는 자리에서 인간은 창조성을 발휘하기 때문입니다. 이런 창조적 태도를 가진 사람은 왠지 즐거워 보이는 분위기를 풍깁니다. 어떤 정황에 스스로를 내맡기고 자신의 주위에서 일어나는 일을 제대로 받아들이고 제대로 반응합니다. 이런 사람이 있으면 주위 사람도 안심하고 마음을 열게 됩니다. 위기 상황이 되어도 안정적인 상태를 유지하고 쓸데없는 일을 생각하지 않고 냉정하게 대응합니다.

그러나 부당한 공격을 받으면 창조적 태도를 가진 사람은 그것에 굴종하지 않습니다. 두려워하지 않고 자신이 옳다고 믿는 대로 밀고 나갑니다. 이런 자세는 때로 분쟁을 일으키기도 하지만 진심에 기반한 싸움은 '비가 오고 나서 땅이 굳는다'는 긍정적인 결과를 얻는 경우가 많습니다.

이런 훌륭한 사람은 좀처럼 없지만 그래도 전혀 없지는 않습니다. 나도 몇 명인가 그런 사람을 만났습니다. 1장에서 말한 주 씨 같은 사람이 그 위대한 실례입니다. 그의 어머니를 뵌 적이 있는데 이미 100세 가까운 고령이지만 마음도 몸도 매우 건강하셨습니다. 확실히 애정이 넘치는 분이라고 나는 느꼈습니다.

반대로 타인에게 받아들여진 경험을 갖지 못한 사람은 타인에게 상을 강요하는 방법 외에 다른 것을 모릅니다. 이러한 사람은 타인의 실상을 있는 그대로 포착하는 것이 아니라 그 사람을 자기 마음대로 준비한 분류표의 어딘가에 적당히 배치해서 이해해 버립니다. 그리고 자신에게 도움이 되는 상을 타인에게 강요하는 것이야말로 인간관계의 본질이라고 믿습니다. 이러한 태도를 '파괴적 태도'라고 부르겠습니다.

파괴적 태도를 가진 사람은 창조적 태도를 가진 사람보다 자주 눈에 띕니다. 이런 사람이 사회적으로 성공하기 쉽기 때문입니다. 회사와 관공서, 대학 같은 조직에서도 권력을 쥐고 있는 사람 중에 이런 유형이 많습니다. 그들의 가장 큰 특징은 자신보다 약한 사람을 망설임 없이 공격하고, 자신보다 권력이 큰 사람에게 망설임 없이 아부합니다. 그들이 이런 일에 망설이지 않는 것은 인간이 그런 존재라고 굳게 믿기 때문입니다.

양쪽 경험을 다 갖고 있는 사람은 내면에서 늘 양쪽이 다투고 갈등해서 어떻게 하면 좋을지 몰라 주위의 흐름에 휘둘리기 쉽습니다. 이것을 '갈등의 태도'라고 부르겠습니다. 물론 순수하게 창조적 태도를 갖거나 순수하게 파괴적 태도를 갖는 사람은 거의 없다고 해도 좋겠지요. 그러므로 엄밀하게 말하면 모두 갈등의 태도를 갖고 있는 것입니다.

갈등의 태도를 가진 사람의 실례를 들 필요는 없겠지

요. 독자 스스로 이건지 저건지 헷갈리는 선택에 자주 직면한다고 생각한다면 바로 당신이 그 실례입니다. 이에 비해서 창조적 태도를 가진 사람이나 파괴적 태도를 가진 사람은 갈등하지 않습니다. 전자는 자신의 감각에서 생겨난 창조적인 방식으로 곧장 가야 할 길을 찾기 때문에 갈등하지 않습니다. 후자는 자신에게 이익이 되는 것을 망설이지 않고 선택하기 때문에 갈등하지 않습니다. 선택지 중에서 무엇을 선택하면 좋을지 몰라서 머리가 하얘지는 사람은 갈등의 태도를 가진 사람, 곧 '보통 사람'입니다.

당신이 갈등의 태도를 갖고 있는 보통 사람이라고 합시다. 그러면 이렇게 말할 수 있겠지요.

명제 2 - 2

누구하고도 사이좋게 지내려고 하면
파괴적인 사람과도 사이좋게 지내게 된다.

만약 누구하고도 사이좋게 지내려고 하면 앞에서 나온 원리에 따라 파괴적인 태도를 가진 사람과의 만남이 주가 되기 때문에 당신 주위에 파괴적 태도를 가진 사람의 비율

이 높아집니다. 그러면 다음과 같이 됩니다.

명제 2 - 3

누구하고도 사이좋게 지내려고 하면
파괴적 태도가 당신을 끌어당기게 된다.

곧 당신도 파괴적인 태도를 주로 취하는 인격이 되어 갑니다. 이렇게 되면 친구는 생기지 않습니다. 지배 – 피지배의 연쇄에 말려들게 됩니다. 그러므로 다음과 같이 해야 합니다.

명제 2 - 4

파괴적 태도에 가까이 가서는 안 된다.

명제 2 - 5

창조적 태도에 가까이 가야 한다.

그렇습니다. 친구를 만들기 위해서는 창조적인 태도에 이끌려야 하며, 파괴적인 태도는 멀리해야 합니다. 만약 파괴적인 태도를 가진 사람을 '친구'라고 오인해서 가까이하려고 하면 '친구 지옥'에 빠지고 맙니다. 그런 사람은 실제로 누구도 좋아하지 않기 때문에 내 쪽에서 '사실은 나를 싫어하는 것이 아닐까' 하고 생각하게 만듭니다.

　　그럼에도 그 사람을 '친구'라고 오인하는 한 나는 나 자신을 '다른 사람을 의심하는 나쁜 사람'이라고 여겨 죄책감에 사로잡히고, 그러면 그 사람은 내 죄책감을 이용해 나를 지배하려 합니다. 이미 여러분도 눈치챘을 텐데 나의 과거 배우자와 나의 관계는 다름 아닌 이 '친구 지옥'이었습니다. 똑같은 일이 단순한 '친구 관계'에서도 일어납니다.

　　누구하고든 사이좋게 지내려고 하면 반드시 이런 사람 때문에 지옥에 떨어지게 됩니다. 따라서 절대로 모두와 사이좋게 지내려고 해서는 안 됩니다.

　　그런데 누구하고든 사이좋게 지내지 못하고 사람을 가려내면 친구가 늘어나지 않는 게 아닐까 걱정하는 사람도 있을 것입니다. 그런 일은 없습니다. 혹여 당신이 창조적인 태도를 가진 사람과 가까이할 수 있어서 자신 또한 창조적인 태도를 갖게 되었다고 합시다. 그때는 이렇게 하면 됩니다.

친구는 친구에게 소개받으면 된다.

창조적인 태도를 갖고 있는 사람에게는 창조적인 태도를 가진 친구가 있습니다. 그 사람과도 친구를 하면 됩니다. 물론 친구의 모든 친구와 친구가 될 필요는 없습니다. 그중에서 마음이 맞는 사람과 친구를 하면 됩니다. 그렇게 해서 친구의 친구와 친구가 되면, 친구의 친구에게 또 다른 친구를 소개받으세요. 이렇게 해서 한 명이던 친구가 세 명으로 늘고 이런 식으로 순식간에 막대한 수의 친구가 생깁니다.

한 명 → 세 명 → 아홉 명 → 스물일곱 명 → 여든한 명 → 이백마흔세 명

만약 당신이 신뢰할 수 있고 서로 존중할 수 있는 친구가 세 명 있다면 살아가면서 고독을 느끼지 않을 겁니다. 그런 친구가 아홉 명 있으면 충분히 자립한 사람이라고 할 수 있겠지요. 스물일곱 명 있으면 대단한 사람이고, 여든한 명 있으면 큰사람, 이백마흔세 명 있으면 완전히 자립한 자유

인이라고 할 수 있겠지요.

친구 수가 증가한다고 무조건 좋다는 말은 아닙니다. 그중에 '친구같이 보이려는, 그러나 실은 친구가 아닌 사람'이 조금 섞여 있으면 엉망이 됩니다. 따라서 자신에게 솔직해야 합니다.

명제 2-7

조금이라도 싫다고 느끼는 사람과
친구인 척해서는 안 된다.

물론 그런 사람과 싸울 필요는 없고 적당히 거리를 두면 됩니다. 그러나 혹여 그 사람이 당신에게 불쾌한 일을 하도록 강요한다면 분명하게 항의하고 내칠 수 있는 용기는 필요합니다. 그렇기 때문에 다음과 같은 점을 유념해야 합니다.

명제 2-8

표면적인 평온은 독이 된다.

표면적인 평온을 지키기 위해서 불쾌한 강요를 참으면 '친구인 척'을 강요당하게 되고 당신의 중요한 친구 네트워크가 순식간에 오염됩니다. 오히려 이렇게 생각하는 편이 좋을 것입니다.

명제 2-9

표면적인 대립은 동적인 조화를 가져온다.

왜냐하면 파괴적인 태도를 강요하는 사람은 대개 갈등의 태도를 갖는 사람이기 때문에 창조적인 태도가 배후에 있습니다. 그 파괴적인 태도에 계속 항의하면서 동시에 창조적인 태도를 보이면 상대의 파괴적 태도를 위축시켜 창조적인 태도를 끄집어내는 것이 가능해집니다. 그렇게 되면 그 사람과도 친구가 될 수 있습니다. 이것이 '동적인 조화'입니다.

상대의 파괴적 태도에 대응하지 말고
창조적 태도에 말을 걸어야 한다.

물론 이 일은 간단하지 않지만 언제든 가능합니다. 이때 유념해야 할 것이 있습니다. 다음과 같은 유감스러운 사실입니다.

파괴적 태도를 보이는 사람 배후의
창조적 태도에 말을 걸면 그 사람이 분노할 수 있다.

그러한 사람은 자신 안의 창조적인 태도를 필사적으로 억제하며 살고 있기 때문입니다. 그렇게 파괴적인 태도를 밖으로 꺼내 자신의 가면으로 삼아 세상을 살아갈 작정인 겁니다. 그런 사람의 파괴적인 태도를 무시하고 창조적인 태도에 말을 걸면 그는 필사적으로 억제하고 있는 것이 불려 나오기 때문에 당황합니다. 단지 당황하는 것뿐만 아니라 큰 공포를 느끼게 됩니다.

예를 들면 당신이 직장에서 직속 상사가 아닌 선배에게서 별로 의미 없어 보이는 일을 부탁받았다고 합시다. 그런 경우 선배의 의도는 당신에게 일을 강요함으로써 자신의 '지위'가 당신보다 높다는 것을 확인하려는 데 있습니다. 이때 당신이 투덜대면서도 그 일을 하면 '친구 지옥'에 빠집니다.

그렇다고 선배의 부탁을 함부로 거절하는 것도 모양이 좋지 않습니다. 그럴 때 "그 일의 의미를 잘 모르겠으니 설명해 주시겠습니까?"라고 물어보는 것도 좋은 방법입니다. 이 질문은 상대방의 '창조적 태도에 말 걸기'입니다. 왜냐하면 이런 사람은 일의 의미 따위는 생각하지 않는 경우가 많기 때문입니다.

만약 그 선배가 일의 의미를 제대로 납득할 수 있도록 설명해 준다면 내가 선배에게 억측을 품었음을 알게 됩니다. 그때는 반성하고 선배가 설명해 준 데 고마워하고 시간을 내어 열심히 일하면 됩니다.

그러나 대개의 경우 이런 선배는 "의미 같은 것은 아무래도 상관없어. 그냥 잠자코 내가 시키는 대로 하면 되는 거야!" 하고 화를 내며 설명해 주지 않습니다. 왜냐하면 그 사람 자신도 일의 의미 같은 것에 설명을 들은 적도, 생각한 적도 없기 때문입니다. 그 사람이 화를 내는 것은 '아무것도 생각하지 않고 위에서 시키는 대로 한다'는 파괴적인 태도가 당신의 질문 때문에 요동치고 창조적인 태도를 불러낼 것 같기 때문입니다.

이러한 사람이 파괴적인 태도를 보이는 것은 다른 사람에게서 파괴적인 태도를 강요당하기 때문입니다. 이렇게 강요받는 사람은 불안에 빠집니다. '불안'은 '공포'보다 다루기 어렵습니다. 공포는 대상이 확실한 데 비해 불안은 대상이 보이지 않기 때문입니다. 실은 대상이 불확실한 것이 아니라 그 대상을 스스로 보지 않으려고 하기 때문이지요.

예를 들면 당신이 누군가에게서 위협을 당해 폭력적으로 뭔가를 강요당한다고 합시다. 그런 일을 당하면 '공포'를 느낍니다. 그러나 사람은 종종 겁에 질려 그렇게 강요하는 사람이 '나를 위해' 그런다고 믿어 합리화하려고 하고 '나쁜 것은 나 자신이다'라고 생각합니다. 이때 '무섭다', '싫다'는 기분은 남고 그 원인인 폭력적 강요는 '옳은 것'이 되어 버립니다. 그리고 그렇게 스스로에게 일러 주면 당신은 원인을 모르는 공포에 갇히게 됩니다. 이것이 불안입니다.

'공포'에는 원인이 있지만
그 원인을 스스로 은폐하면 '불안'이 된다.

그러면 이러한 불안에 갇혀 있는 사람의 창조적 태도에 말을 걸면 어떤 일이 일어날까요? 그 사람이 불안의 원인을 떠올려 불안의 원천인 공포를 보게 합니다. 그러므로 창조적 태도에 말을 거는 행위는 그 사람을 공포스럽게 만듭니다. 그는 공포를 느낀 나머지 "그런 심한 일을 하다니!"라며 맹렬하게 저항합니다.

앞의 예에서 당신에게 일을 강요한 선배는 '자신은 의미도 모르는 일을 강요당하고 있다'라는 사실에서 눈을 돌리고 있습니다. 이 부조리한 사태를 정당화하기 위해 당신에게 일을 강요하는 것입니다. 그런데 당신이 의미를 물었기 때문에 '자신이 일을 강요당하고 있다'는 사실을 자각할 것 같아서 공포를 느끼고 화를 낸 것입니다.

그러므로 상대방의 창조적 태도에 말 걸기는 대립을 불러일으킵니다. 이 대립은 친구를 만들기 위해서는 피할 수 없습니다. 그래서 이렇게 말할 수 있습니다.

대립을 두려워해서는 안 된다.

대립을 일으키면 그 사람이 나를 싫어할 거라고 짐작할 수도 있는데, 상대방이 나를 싫어하는 것이 무조건 나쁜 일은 아닙니다. 파괴적인 태도를 강요하는 사람이 나를 싫어하는 것은 좋은 일입니다. 그런 사람에게서 호감을 받으면 당신의 자원을 빼앗기게 되기 때문입니다. 이는 마치 늑대가 양을 좋아하는 것과 똑같습니다. 양에게는 늑대가 자신을 싫어하는 것이 좋은 일입니다.

일을 강요한 선배에게는 "미안하지만 의미를 알 수 없는 상태에서 일을 하면 오히려 폐를 끼치게 될 뿐이라서 저는 못 하겠으니 이해해 주세요"라고 정중하게 거절하는 편이 좋습니다.

그렇게 하면 선배는 당신을 싫어하게 되어 두 번 다시 일을 강요하지 않겠지요. 그렇게 함으로써 당신은 창조적인 일을 창조적 태도를 가진 사람과 같이 할 시간을 확보할 수 있습니다. 그렇게 하지 않으면 창조적인 사람과 사이좋아지는 일은 결코 불가능합니다.

파괴적인 태도의 사람이 나를 싫어하는 것이 창조적인 사람에게서 사랑받는 조건입니다.

___명제 2-14___

사람들이 자신을 싫어하는 것을 두려워하면
누구에게도 사랑받지 못한다.

파괴적인 태도와 사랑은 양립할 수 없습니다. 파괴적인 태도를 가진 사람은 집착할 뿐입니다. 파괴적인 태도를 보이는 사람의 마음에 든다는 말은 사랑받는 것이 아니라 집착당한다는 뜻이고, 집착당한다는 말은 소유당한다는 뜻입니다.

당신의 인격은 그 사람에게 도움이 되는 부분만 이용당하고 다른 부분은 버려집니다. 그렇게 해서 당신은 그에게 도움이 되지 않는 부분을 갖고 있다는 것이 원인이 되어 죄책감을 느끼게 됩니다. 이러한 태도를 갖는 사람에게 미움을 받는 것은 옳습니다. 그렇게 되면 빼앗길 것이 없습니다. 이럴 때 비로소 창조적인 태도를 보이는 사람과 창조적인 관계를 만들 수 있습니다.

3

시험에 관하여

친구를 만들어 자립하기 위해서는 '사랑'과 '집착'의 차이를 아는 것이 매우 중요합니다. 이 두 가지는 완전히 다릅니다. 그 본질적인 차이는 무엇일까요? 이 장에서는 이 차이를 살펴보겠습니다.

제일 먼저 답을 써 두겠습니다.

명제 3

사랑은 자애自愛로부터 발생하고

집착은 자기애自己愛로부터 생긴다.

사랑과 집착의 차이는 이렇습니다. 잘 기억해 두세요. 그런데 이 명제만으로는 사랑과 집착에 무슨 차이가 있는지 잘 모를 수 있습니다. '자애'와 '자기애'는 거의 똑같아 보이기 때문입니다. 먼저 『고지엔』広辞苑 사전을 펼쳐 보겠습니다.

자애 ① 스스로 그 몸을 중하게 여기는 것.

자기애 ⇒ 나르시시즘.

나르시시즘 ① 자기를 사랑하고 자기를 성적 대상으로 삼는 것. ② 이것이 발전하면 자기도취. 자만.

이처럼 전혀 의미가 다릅니다. "스스로 그 몸을 중하게 여기는 것." 훌륭한 말입니다. 사전에 이런 멋진 말이 쓰여 있다니 솔직히 나는 잘 몰랐습니다. 그 말을 붓글씨로 써서 벽에 붙여 두고 싶을 정도입니다. 일단 여기에 명제로서 써 두겠습니다.

명제 3-1
자애는 스스로 그 몸을 중하게 여기는 것이다.

이렇게 생각하면 자기애가 자애와 완전히 다름을 금방 알 수 있습니다. 자기 자신에 사로잡히는 자기도취와 자만은 스스로 그 몸을 중하게 여기는 것과 결코 연결되지 않습니다. 자기도취와 자만에 빠지면 뭔가를 해도 반드시 나쁜 일을 당하게 됩니다. 충분한 힘이 없는데도 자만해서 스스로 무엇이든지 할 수 있다고 굳게 믿고 뭔가를 하면 다치거나 큰 손실을 입거나 체면을 잃는 결과를 불러오기 마련입니다. 예를 들어 훈련을 전혀 하지 않은 채 도쿄 마라톤 대회에 나가는 것과 같습니다. 이런 무모한 일을 하면 적어도 근육이 수축되어 끊어지거나 발을 접질리게 되겠지요. 심하게 자만하면 무리를 해서 심장 발작으로 죽을지도 모릅니다.

게다가 자만하면 자신의 실력 부족은 모른 체하고, 문제를 누군가의 탓으로 돌립니다. 마라톤 대회에서 다리를 접질린 것은 '같이 뛰고 있던 친구가 이상한 코스를 택해서 진로를 막았기 때문이다'와 같은 식으로 말입니다. 이런 행동은 주위 사람의 미움과 고립을 부르고, 고립은 종속으로 연결돼 타인의 착취를 조장합니다. 이런 태도로는 결코 '스스로 그 몸을 중하게 여길' 수가 없습니다.

이에 비해 자애는 자기 자신을 있는 그대로 받아들이는 것입니다. 인간은 다른 생명체와 똑같이 자기 자신을 유지하려는 근본 욕구를 갖고 있습니다. 그 욕구를 인정하고 거기에 따르는 것이 자애입니다. 그렇게 해서 비로소 '스스로 그 몸을 중하게 여길' 수 있습니다.

자애가 자기 자신을 받아들이고 중하게 여기는 것과 반대로 자기애는 자기혐오로부터 생깁니다. 자기혐오는 자기 자신을 있는 그대로 받아들일 수 없는 상태입니다. 그리고 자신이 이래야 한다는 모습을 미리 고정해 놓고 그 모습과 어긋난 자신에게 혐오감과 죄책감을 느낍니다.

이런 상태는 그 사람이 원해서 된 것이 아닙니다. 누군가에게 자신과 다른 상을 자신의 상으로 강요당했기 때문입니다. 게다가 강요당한다는 사실을 스스로 은폐합니다. 이렇게 해서 강요된 상이 '되어야 할' 모습이 되어 그 상과 어긋난 자신의 모습을 싫어하는 것이 자기혐오입니다.

이러한 자기혐오에 빠져 있으면 사는 것이 매우 괴로워집니다. 자기 자신이 싫어서 미칠 지경이라 자기 자신으로부터 도망가고 싶어지는데 사실상 그것은 불가능합니다. 그래서 어떻게든 그 상황을 덮으려 합니다. 그 첫 번째 수단이 자신의 모습을 위장해서 자신에게 강요된 상과 일치시키는 것입니다. 그렇게 하고 기뻐하는 것이 자기애입니다.

예를 들면 머리카락을 공들여 예쁘게 만들고 얼굴을 공들여 화장하고 다이어트와 운동을 해서 몸을 날씬하게 만들고 신중하게 고른 명품을 몸에 두르고 거울에 비친 자신의 모습에 마음이 사로잡히는 것이 자기애입니다. 혹은 맹렬히 공부해서 명문대를 졸업하고 대기업에 들어가 열심히 일하고 높은 소득을 올리고 그런 자신을 자랑스럽게 여기는 것이 자기애입니다. 명문대도 대기업도 높은 소득도 맨몸의 자기 자신의 모습이 아님에도 그것들에 마음을 빼앗기는 것이 자기애입니다. 매일 트레이닝을 열심히 해서 근육을 단련한 자신의 육체에 마음이 사로잡히는 것 또한 전형적인 자기애입니다. 그런 것은 자신의 인격과는 관계가 없기 때문입니다. 따라서 이렇게 말할 수 있습니다.

――― 명제 3 - 2 ―――

자기애는 자기혐오를 덮기 위해 위장하는 것이다.

위장은 타인의 눈에 비치는 자신의 모습에 신경 써서 자신을 포장하고 그것으로 좋고 나쁨을 판단하는 것입니다. 자신의 모습을 거울로 보고 황홀해지는 이유는 '이 모습이라면 타인이 감동할 것이다'라고 생각하고 조금 안심하기 때문입니다.

이러한 자기애를 유지하기란 보통 어려운 일이 아닙니

다. 완벽한 모습에 가까이 가면 갈수록 그것을 잃기가 두려워지기 때문입니다. 이런 사람은 앞머리를 1밀리미터 더 잘랐다는 것만으로도 절망해서 집 밖에 나가지 않거나 사소한 실수를 범해 상사에게서 야단을 맞는 것만으로도 자살을 생각합니다. 그러므로 이렇게 말할 수 있습니다.

명제 3-3
_____

자기애는 언제나 불안과 이웃 관계다.

자기애자가 취하는 전략은 두 가지입니다. 하나는 이기적인 사람이 되는 것입니다. 자신을 위장하고 위장한 상태를 유지하는 데는 많은 자원과 시간이 필요한데, 그런 자원과 시간을 확보하려고 타인을 배려하지 않게 됩니다. 조금이라도 많은 자원을 획득하고 조금이라도 더 시간을 확보해 자신의 위장을 유지하고 발전시키는 것에 전력을 다하느라 타인을 배려할 여유가 없어집니다. 자신의 불안을 억누르기 위한 위장에 쫓기는 인간은 타인을 짓밟으려 하고 타인이 어떻게 되든 신경 쓸 수 없게 됩니다.

위장에 봉사하기 위한 자원과 시간을
획득하느라 분주한 것이 이기심이다.

이기심은 자애에 반합니다. 이러한 근시안적인 이익에 휘둘리면 자신이 살아가는 데 무엇이 필요한지 이치에 맞게 판단하는 것이 불가능해지기 때문입니다. 자립에는 자신을 소중하게 생각해 주는 사람을 소중하게 여기고, 자신을 이용하려는 사람에게서 멀어지는 것이 꼭 필요합니다.

그러나 근시안적 이익에 휘둘리다 보면 쉽게 올가미에 걸립니다. 앞의 직장 선배를 예로 들면, '여기에서는 선배에게 미움받지 않는 것이 이득이다'라고 보고 일을 즐겁게 하는 척하면 '친구 지옥'행입니다.

한편 더욱 이기적으로 "나도 바쁘니까 쓸데없는 일을 강요하지 마!" 하고 화를 내면 "뭐라고!" 하는 형국이 되어 진흙탕 싸움이 시작됩니다. 이처럼 자기애대로 하는 한 어떤 식으로 일을 진행하든 올가미에 걸리게 됩니다. 이렇게 하면 자신을 소중하게 여길 수가 없습니다.

자기애자의 두 번째 전략은 불안을 감추기 위해 자신의

먹이가 되어 줄 사람을 확보하는 것입니다. 아름다운 용모, 상냥함, 총명, 자산, 학력, 지위, 능력, 강함, 신분 등 무엇이든지 좋으니 자신에게 없는 것을 갖고 있는 사람을 목표로 정해 그의 장점을 수중에 넣어서 자신의 일부로 만들어 버리려는 야비한 욕망을 품습니다. 타인에 대한 이런 욕망이 집착입니다.

명제 3-5

자기애를 만족시키기 위해서
타인의 장점을 욕망하는 것이 집착이다.

이러한 타인의 장점을 갈취해서 자신의 것으로 만들려는 욕망은 실로 위험한데 참으로 무섭게도 어디서든 볼 수 있습니다. 특히 부모와 자식 사이에서 잘 볼 수 있습니다. 많은 부모가 자신의 아이를 사랑하지 않고 아이에게 집착합니다. 집착당하고 자란 아이는 다른 사람에게 집착하게 됩니다.

이런 유형의 집착의 가장 알기 쉬운 예가 결혼 준비입니다. 결혼 준비에 쓰이는 말 중에 '스펙'이라는 것이 있습니다. '스펙'은 결혼 상대를 사회적 지위, 소득, 연령, 신장, 체중, 가사노동 부담 능력 등의 항목으로 평가하는 것입니다. 이런 식으로 사고하는 사람은 실은 사람과 결혼하려는 것이 아니라 상대의 장점을 소유하려는 것뿐입니다.

그렇다고는 하지만 순전히 집착만 하는 사람은 소수입니다. 마찬가지로 순전히 애정만 갖고 있는 사람도 소수입니다. 대부분의 사람은 집착과 애정 양면을 갖고 있습니다. 그 결과 누군가를 좋아하는 것은 주로 집착과 애정 사이의 갈등으로 귀결합니다.

대부분의 사람은 자신을 인정하고 자애하는 동시에 자신을 인정할 수 없어 자기혐오에 빠지는 두 가지 측면을 갖습니다. 이 경우 자애와 자기애가 한 명의 인간 안에서 경합하고 애정과 집착이 갈등합니다. 집착은 종종 애정으로 오인됩니다. 자신이 태어나고 자란 집에서 진짜 애정은 희박하고 애정인 척하는 집착이 만연하면 자신에 관해서도 타인에 관해서도 집착이야말로 진실이고 애정 같은 것은 가치가 없다고 믿게 됩니다. 그러한 가정은 내가 자란 가정과 내가 과거에 가졌던 가정을 포함해서 정말 많습니다.

집착으로 발생하는 이성에 대한 욕망은 스토커 행위나 성적 학대로 표현되며 이는 애정과 아무런 관계가 없습니다. 그런데 종종 집착하는 자신은 물론이고 그 집착의 대상인 사람까지 혹은 주위 사람까지도 이것을 애정이라고 오인합니다. 집착의 도가 지나치거나 상황이 너무나도 부적절한 경우에만 스토커 행위와 성적 학대라고 간주됩니다.

그러나 스토커 행위와 애정은 양립하지 않는 정반대의 것입니다. 집착에 기초한 것은 아무리 사소한 것이라도 불온하고 악질이고 파괴적이어서 스토커 행위와 똑같습니다. 집착한다는 것은 상대가 갖고 있는 장점을 노리는 것이기 때문에 그 사람의 전 인격에는 무관심합니다.

명제 3-6

집착하는 사람은 결코 집착하는 대상의
진짜 모습을 보려고 하지 않는다.

집착하는 자가 보려는 것은 자신에게 도움이 되는(유리한) 스펙뿐입니다. 상대가 그 장점을 자발적으로 자신에게 줄 것이라고 마음대로 망상합니다. 그러한 망상을 자기 마음대로 강요하고 그것을 전제로 행동합니다. 그 행동 때문에 상대가 괴로워하든지 어떻게 되든지 일절 신경 쓰지 않습니다. 그리고 상대가 망상에 일치하지 않으면 그 부분을 무시하거나 공격합니다. 집착은 그 대상을 배타적으로 독점하려고 합니다. 집착의 목적은 그 사람의 장점을 소유하는 것이므로 다른 사람이 거기에 손을 대려고 하면 격노합니다. 집착은 그 대상인 사람에 대해 철저하게 이기적입니다. 이러한 것은 결코 사랑이 아닙니다.

명제 3-7

자신을 싫어하면 누구도 사랑할 수 없다.

이 명제는 중요한 것이기 때문에 다시 한 번 말을 바꾸어 표현해 보겠습니다.

명제 4

다른 사람을 사랑하기 위해서는

자신을 사랑해야 한다.

그런데 많은 사람이 다음과 같은 잘못된 명제를 믿고

있습니다.

자신을 사랑하면 타인을 희생으로 삼는다.

이 명제는 다음과 같은 옳은 명제를 잘못 표현한 것에 지나지 않습니다.

자기애는 타인을 희생으로 삼는다.

이 '자기애'를 '자신을 사랑하는 것'으로 오인해서 해석하면 앞의 잘못된 명제가 나옵니다. 이미 설명했듯이 자기애는 자신을 미워하는 것에서 발생하기 때문에 이 해석은 틀렸습니다. 자신을 미워하는 사람은 그 고통에서 벗어나려고 자기상을 위조하는 데 필요한 자원을 타인에게서 빼앗습니다.

다음 명제 역시 틀렸습니다.

잘못된 명제 4 - 2
_____

타인을 사랑하는 것은 자신을 희생하는 것이다.

이 또한 다음의 옳은 명제의 잘못된 해석입니다.

명제 4 - 2
_____

타인을 사랑하는 것은 자기애의 부정으로 생긴다.

'자기애의 부정'은 '자기혐오의 부정'이기 때문에 자애입니다. 곧 타인을 사랑하는 것은 자신을 사랑하는 것으로 비로소 가능해집니다.

그러면 자애는 무엇일까요? 사실 자애는 적극적으로 정의하기 어려운 개념입니다. '자신을 싫어하지 않는' 상태가 자애입니다. 인간은 원래 자신을 싫어하지 않습니다. 자기혐오에 빠지는 아기를 본 사람은 없을 것입니다.

인간은 성장하고 타인과 관계를 맺기 위해 이것저것 많은 것을 익혀야 합니다. 그것들은 자신 안에 있는 것이 아니라 바깥에 있습니다. 자신의 바깥에 있는 것을 익히면서 자기혐오의 씨앗이 생깁니다. 자신 안에 없는 것을 '훌륭한 것', '옳은 것'이라 믿고 그것을 갖고 있지 않은 자신을 '별볼 일 없는 사람', '잘못된 사람'이라고 생각해 버립니다.

종종 사람은 '익혀야 하는 것'을 목표나 의무로 부여받고 그것을 할 수 없는 자신은 '쓸모없는 녀석'이 되고 맙니다. 이런 목표는 완전히 도달하기 불가능하고 익히면 익힐수록 목표도 함께 높아집니다. 이 상태에서 노력해서 무언가를 익히면 익힐수록 목표는 더 높아지고 더 많아져 자신은 점점 쓸모없는 녀석이 되어 갑니다. 이렇게 해서 자기혐오의 싹이 자라납니다.

그러나 익히는 과정이 반드시 자기혐오를 동반하지는 않습니다. 자신에게 필요한 것을 스스로 받아들이는 과정은 주체적인 것이고 그 경우에는 일일이 자기혐오에 빠지지 않습니다. 그렇게 해서 초조해하지 않고 자신에게 필요한 것을 자신에게 맞는 속도로 자기 나름의 방식으로 익히면 자기혐오에 빠지지 않고 성장할 수 있습니다. 이것이 자기 안의 잠재적 힘을 전개하여 실현하는 과정입니다.

자신이 갖고 있는 것을 버리지 않아도 됩니다. 자신이

갖고 있는 것을 버리면 살아갈 수 없게 됩니다. 자신이 갖고 있는 것을 하나하나 확인하고 그중에서 정말로 필요한 것과 필요하지 않는 것을 일상의 삶에서 판별하는 것이 중요합니다. 필요하지 않은 것은 용기를 내어 버려야 합니다. 그렇게 해서 자신을 홀가분하게 만드는 것이 자기혐오에서 빠져나오는 길로 연결됩니다.

예를 들면 내 직업인 학자의 경우 자기가 익힌 '전문지식' 같은 것을 고집해서는 안 됩니다. 물론 전문지식은 중요하지만 그것을 통째로 어떠한 맥락도 없이 딱 움켜쥔 채 유지하려 하면 제대로 된 사고를 할 수 없게 됩니다. 그래서 자신이 납득할 수 없는 것은 과감히 버리는 용기가 필요합니다.

그리고 필요한 것을 익히는 과정에서 자기에게 심어 놓은 '쓸모없는 녀석'이라는 열등감도 '불필요한 것'이라고 인식해야 합니다. 그 열등감 또한 용기를 갖고 버립시다. 이것이 자애를 실현하는 방법입니다.

명제 4-3

자애는 자기혐오에서 빠져나옴으로써 실현된다.

여기서 꼭 부연할 것이 있는데 자기혐오를 하는 자신이 나쁘지만은 않다는 점입니다. 말할 필요도 없겠지만 '자기혐오를 하는 자신'을 혐오하면 자기혐오가 증대해서 사태를 악화하고 맙니다. 그렇게 되면 또 자기혐오가 확대되고 끝없는 악순환이 반복됩니다. 자신이 갖고 있는 것을 검토하는 과정은 자기반성과 자기분석을 해서 끝없이 자기 자신을 고민하는 것이 아닙니다. 그보다는 오히려 고민하는 것을 그만두어야 합니다. 고민하면 고민할수록 자신이 무엇을 느끼는지 모르게 되기 때문입니다. 따라서 다음과 같은 것이 필요합니다.

명제 4 - 4

**고민하는 것을 그만두고
자신이 느끼는 것에 주의를 기울인다.**

이런 일은 당연해서 누구나 하는 것처럼 보이지만 자신이 느끼는 것의 의미를 명확하게 인식하는 것만큼 어려운 일도 없습니다. 왜냐하면 우리는 종종 과거의 경험에서 상처받아 감각에 맹점이 생기기 때문입니다. 보이지 않도록,

느끼지 않도록 하는 상태에서 스스로 빠져나오는 것은 쉽지 않습니다. 그것을 할 수 있을 때 '스스로 그 몸을 중하게 여기는 것'이 가능해집니다. 인간은 살기 위해서 무엇이 필요한지 자신에게 가르쳐 주는 감각을 타고나기 때문입니다.

자신을 중하게 여기는 사람에게는 자신을 중하게 여기는 사람이 가까이 옵니다.

명제 4 - 5

자신을 소중하게 여기고 거기서부터 넘쳐나는
애정에 이끌리는 것이 진짜 친구다.

따라서 이렇게 됩니다.

명제 4 - 6

자신을 싫어하는 한
진짜 친구는 생기지 않는다.

이러한 상태에서는 지인에 대해서도 이렇게 말할 수 있습니다.

명제 4 - 7

친구라고 생각하고 있어도
서로 이익을 주고받는 것뿐.

그런 '친구'는 내가 이익을 제공하지 못하게 되면 틀림없이 사라집니다. 그런 친구에게는 절대 의지할 수 없습니다. 서로 이익을 주고받는다는 것은 좋은 일입니다. 그러나 옳지 않습니다. 애정으로 연결된 사람은 단지 관계를 맺고 있다가 서로 이익을 주고받습니다. 그렇다고 해도 어디까지나 서로 기꺼이 도움을 주고받은 결과에 지나지 않습니다. 이익을 서로 주고받음으로써 유지되는 관계는 친구가 아닙니다. 물론 일방적인 착취보다는 좀 낫지만 의지가 되지는 않습니다.

그런데 지금 세상은 이익으로 움직이는 것처럼 보입니다. 그 이익이 궁극적으로는 화폐를 축으로 성립하기 때문에 모든 관계가 이익 공여를 기반으로 하는 것처럼 보입니다. 적어도 그런 사고가 '어른의 생각'이라고 간주됩니다.

그러나 과연 그것은 사실일까요? 그래서 다음 장에서는 친구에 이어 화폐에 관해 생각해 보겠습니다.

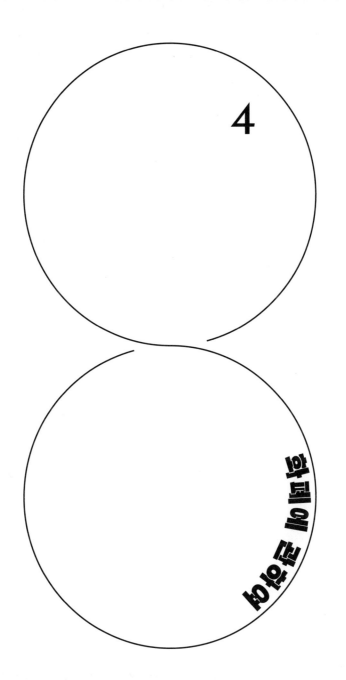

4

황토로 빛은 마이아

독일에 하이데마리 슈베르머라는 여성이 있습니다. 그녀는 동프로이센에서 태어나 살다가 제2차 세계대전 종결 직전에 가족과 함께 서독으로 도망을 갔습니다. 대학 졸업 후 초중학교 교사가 되는데 1982년에 사직하고 심리학과 사회학을 공부했습니다. 도르트문트에서 심리 상담사로 일하다 1994년에 '도움 주고받기'를 추진하는 그룹을 만들었습니다. 슈베르머 씨는 그곳에서 실천하는 일 중에서 '모르는 사람과도 서로 신뢰하고 교환하고 나눌 수 있고, 그것을 통해 함께 즐기고 결국은 친구가 될 수도 있다'는 것을 사람들에게 이해시키는 일이 무엇보다 중요한데 그것을 저해하는 가장 큰 원인이 '화폐'라고 생각하게 되었습니다.

이런 생각을 하는 사람은 이 세상에 많습니다. 슈베르머 씨는 자신의 주장을 입증하기 위해 '돈을 완전히 단념하는' 생활을 해서 보여 주는 것밖에 방법이 없다는 결론에 이르러 그것을 실행에 옮겼습니다.

1994년에 슈베르머 씨는 자신의 소유물을 대부분 처분하고 아파트를 정리하고 건강보험까지 해약하고 일도 그만두고 '돈 없는 생활의 실험'을 시작했습니다. 그리고 4년 동안 공중 화장실조차 돈을 받는 독일 사회에서 돈을 전혀 사용하지 않으며 생활했고 그 후에도 돈을 거의 사용하지 않으며 생활하고 있습니다.

이 실험의 내용이 『별의 은화 실험』◆에 정리되어 있습니다. 「별의 은화」는 독일의 유명한 동화입니다. 그 내용은 다음과 같습니다.

어느 곳에 믿음이 깊은 여자아이가 있었습니다. 아버지와 어머니는 죽고 살 집이 없을 정도로 가난해서 갖고 있는 것은 입고 있는 옷과 친절한 사람이 베풀어 준 빵 한 조각뿐이었습니다. 여자아이는 특별히 어디 갈 곳이 없었기 때문에 여기저기를 돌아다녔습니다. 그러다가 가난한 남자를 만나 자신이 갖고 있던 빵을 주고, 추워서 떨고 있는 아이에게 모자를 주고, 다른 아이에게 조끼를 주고, 여자아이에게 치마를 주었습니다. 숲에 도착했을 때는 다른 여자아이에게 신발을 주는 바람에 맨발로 숲 안에 들어갔습니다. 그러자 하늘에 떠 있는 수많은 별이 반짝반짝 빛나는 은화가 되어 떨어졌습니다. 고급 리넨 슈미즈만 입고 있던 여자

◆ 이 책은 한국에 『소유와의 이별』(장혜경 옮김, 여성신문사, 2002)이라는 제목으로 출간되었다.(옮긴이)

아이는 슈미즈의 치마 자락에 은화를 모아 평생 행복하게
살았습니다.

슈베르머 씨는 이 이야기를 아주 좋아해서 자신의 실험
을 이 이야기에 비유했습니다. 슈베르머 씨의 실험을 담은
훌륭한 책은 다행히 일본에 번역서가 있는데 원서의 의미와
는 동떨어지게 『식비는 공짜, 집세도 0엔 — 돈 없이 살 수
있는 것 실은 간단』이라는 절약 매뉴얼 책처럼 제목이 붙어
서 나왔습니다. 게다가 안타깝게도 지금은 절판된 상태라
서 일반 서점에서는 구할 수가 없고 헌책방에서 찾아야 합
니다.

슈베르머 씨는 사람들의 집을 봐 주는 역할을 맡는 대
신에 그 집 냉장고에 가득 찬 식료품을 쓰는 방식으로 생활
을 해 나갈 수 있었습니다. 다른 사람 집에 사는 것은 편치
않았지만 허브로 냄새를 없애 편안해지는 방법을 고안해 다
른 사람의 집에서 내 집처럼 살 수 있게 되었습니다.

그렇게 해서 도르트문트 주변에서 집 보는 일을 하다
보니 매스컴에 소개되어 여러 곳에서 집을 봐 달라는 부탁
이 들어오고 순식간에 1년 후까지 집 보기 일 예약이 꽉 찰
정도가 되었습니다. 독일 국내뿐 아니라 프랑스와 스위스
등에서도 일이 들어와 여행에 여행을 거듭했고 문자 그대로

세계가 자기 집이 되었습니다.

손에서 돈을 놓는 실험을 하면서 슈베르머 씨는 다양한 사람과 알게 되고 많은 사람에게서 도움을 받음으로써 하고 싶은 일을 언제든지 할 수 있는 자유를 얻었습니다.

'돈 없는 생활'은 나를 부자유하게 하기는커녕 이전에는 느낀 적이 없는 해방감과 자유를 가져다주었습니다. 그리고 나는 둘도 없는 것(많은 사람과의 만남과 감동, 발견)을 경험할 수 있었습니다. 돈을 사용하지 않고 생활하기 위해서는 타인의 존재가 꼭 필요합니다. 살아가기 위해서 좋아하든 좋아하지 않든 상관없이 사람과 부대껴야 합니다. 그 시련 때문에 나는 자신의 결점과 정면으로 만나게 되었습니다. 그 경험은 결코 편치 않습니다. 때로는 고통스럽고 불안하여 눈물 흘리는 일도 있었습니다. 그러나 그것을 넘어섰을 때 모든 것을 받아들이고 감사하는 마음을 갖게 됩니다. 그때 나는 누구하고도 비교할 수 없는 행복감으로 가득 찼습니다.

이러한 경험으로 슈베르머 씨는 자기 자신을 크게 성장시켰습니다. 자신에게 결함이 있으면 사람들의 도움을 받기가 어려워집니다. 돈을 사용하지 않고 사람들에게서 도움을 받는 데 결함은 치명적입니다. 이렇게 해서 슈베르머 씨는 자신의 결함을 쉽게 자각하게 되었고 그것을 계속해서 고쳐 나갈 수 있게 되었습니다. 슈베르머 씨에게 이러한 성장을 실감하는 것이야말로 행복 자체였고 이전에 일할 때와 비교하면 슈베르머 씨는 훨씬 자립했습니다.

물론 슈베르머 씨가 돈 없는 생활에 성공했다고 해서 누구라도 돈 없는 생활이 가능하지는 않습니다. 슈베르머 씨는 이렇게 말합니다.

"그러면 도대체 어떻게 하면 좋습니까?"라고 여러분은 나에게 질문할 것입니다. 새로운 자유를 얻기 위해 모든 사람이 돈을 갖는 것을 그만둔다? 그것은 분명 옳은 해결법이 아닙니다. 우리를 앞으로 나아가게 해 주는 유일한 방법은 사고방식을 바꾸는 것, 활동적으로 지내는 것, 성장하는 것 그리고 마음의 평화를 찾는 것입니다.

그렇다면 어떤 식으로 사고방식을 바꾸면 좋을까요? 이 문제를 생각하기 위해 어떻게 슈베르머 씨는 4년 동안이나 전혀 돈을 사용하지 않고 날마다 즐겁게 살 수 있었는지 생각해 봅시다.

슈베르머 씨는 먼저 도르트문트에서 이전부터 '도움 주

고받기'를 추진하는 그룹을 운영했고, 그 네트워크로 집 보기 일을 부탁받게 되었습니다. 그 후 비슷한 활동을 하는 '교환의 고리'라는 그룹에서 강연을 부탁받고 동시에 집 보기를 부탁받았습니다. 집 보기 일을 하면서 슈베르머 씨는 다섯 명까지 탈 수 있는 독일 국철 표로 네 명 이하의 탑승객에게 편승하는 방법으로 독일 곳곳을 여행했습니다.

여행하는 도중에 자신을 편승시켜 준 사람들과 친해져 자신의 '실험' 이야기를 했고, 그들이 흥미를 갖고 강연과 집 보기를 슈베르머 씨에게 부탁하는 방식으로 지지자가 늘어났습니다. 그 후에 언론에 보도되자 유럽 여기저기서 강연과 집 보기 의뢰가 들어왔습니다.

이 사실은 원래 슈베르머 씨에게 화폐 없이 구축한 폭넓은 친구 네트워크가 있었다는 것을 의미합니다. 그 친구 네트워크가 별의 은화 실험을 지탱해 주는 동시에 별의 은화 실험으로써 더욱 활성화하고 급속도로 확장된 것입니다. 이 결과 슈베르머 씨는 빠른 시일에 자립하고 자유로워졌습니다.

슈베르머 씨가 돈 없이 생활할 수 있다고 하니 '나도 해 볼까?' 하고 생각하는 사람은 주의할 점이 있습니다. 의존할 수 있는 친구 네트워크 없이 돈까지 없어지면 나락에 떨어집니다. 슈베르머 씨 자신도 지금은 어느 정도 돈을 사용하기 때문에 무작정 돈을 싫어할 필요는 없습니다.

그러나 돈을 쌓아 두기보다도 의존할 수 있는 인간관계를 구축하는 편이 더 유용하고, 돈을 사용하더라도 의지할 사람을 늘리기 위해 사용하는 쪽이 현명한 방법임은 분명합니다. 돈만으로 연결된 관계는 정말로 곤란할 때는 의지가 되지 않습니다.

돈은 사람과의 연계를 강화하기 위해 사용해야 합니다. 예를 들면 물건을 사는 경우에도 그렇습니다. 다음과 같은 방식은 다른 사람에게 의존하지 않는 방법입니다.

이보다는 다음과 같은 방식이 되어야 합니다.

받는 사람   사례 →   주는 사람
←
기쁨

이렇게 하면 제공자와 제공받는 자 사이에 의존 관계가 만들어져 양자가 그만큼 자립합니다. 물론 사례가 화폐일 필요는 없으며, 화폐가 아닌 경우 연대가 오히려 더 강해지는데 그럼에도 화폐로 지불하는 것도 나쁘지 않습니다.

그러면 애당초 화폐는 도대체 무엇을 하는 것일까요? 나는 이렇게 생각합니다.

명제 5

화폐는 손쉽게 사람과 사람을 연결하는 장치다.

이 명제가 무엇을 의미하는지 설명해 보겠습니다.

사람과 사람이 물건과 물건을 교환하는 장면을 상상해 봅시다. 내가 필요한 것을 당신이 갖고 있고 당신이 필요한 물건을 내가 갖고 있다면 이야기는 간단합니다. 그런데 상황이 달라질 수 있습니다. 내가 필요한 물건을 당신이 갖고 있긴 하지만 당신이 필요한 물건을 누군가 다른 사람이 갖고 있으면 나와 교환할 수 없습니다.

이 교환을 실현하려면 내가 먼저 다른 사람이 갖고 있는 물건을 손에 넣어서 당신에게 주어야 하는데 다른 사람에게 내가 갖고 있는 물건이 필요한지 아닌지는 알 수 없습니다. 혹여 다른 사람이 필요한 물건을 또 다른 사람이 갖고 있으면 교환은 좀 더 까다로워집니다.

이렇게 셋이 얽히고 넷이 얽히는 상태가 되었을 경우 해결하는 방법은 두 가지가 있습니다. 하나는 '서로 도움을 주고받는' 방법입니다. 내가 필요한 물건을 당신이 갖고 있고 당신이 필요한 물건을 내가 갖고 있지 않은 경우에 당신이 "그러면 이번에는 이것을 줄 테니까 그 대신에 내가 필요한 물건이 손에 들어오면 그때 받겠습니다" 하고 나에게 주면 됩니다.

이런 식으로 하면 오랜 시간 동안 서로 도움을 주고받으면서 관계를 유지할 수 있어서 교환의 어려움을 극복할 수 있습니다. 그런데 이 방법은 당신이 나를 믿을 수 있느냐 없느냐가 문제입니다. 나와 당신이 서로 강한 신뢰 관계를 사전에 구축했다면 아무런 문제도 없습니다. 당신은 나를 배포 크게 도와주겠지요.

그러나 그러한 연대가 없는 경우 당신은 나를 믿을 수 없습니다. 그렇게 되면 앞으로 나에게 준 물건에 걸맞은 도움을 얻을지 어떨지 모르기 때문에 손해를 볼 수도 있습니다. 그러면 어떻게 해서 신뢰 관계를 만들면 좋을까요? 신뢰 관계는 서로 주고받는 것을 통해서만 구축할 수 있습니다. 따라서 물건을 주지 않으면 신뢰 관계를 구축할 수 없고, 신뢰 관계가 구축되지 않으면 물건을 줄 수 없는 딜레마에 직면하게 됩니다.

이 경우, 마치 '닭과 계란'의 관계처럼 서로 도움을 주고받는 일이 실현할 수 없다고 생각할 수도 있습니다. 그러나 걱정하지 않아도 됩니다. 다행히 인간에게는 신뢰 관계를 구축할 능력이 있습니다. 애당초 닭과 계란 같은 관계가 된다는 것은 그다지 나쁜 일이 아닙니다. 그 증거로 닭은 이미 이 문제를 해결했습니다. 계란에서 태어나 계란을 낳고 있지 않습니까. 이 관계는 생명 존재의 기본 구조라서 우리도 생명인 이상 닭과 계란의 딜레마를 극복하도록 되어 있습니다.

그러므로 인간에게는 상대를 100퍼센트 신뢰하지는 못하더라도 어느 정도 간파할 능력이 있습니다. 게다가 100퍼센트 신뢰하지 못하더라도 상대에게 뭔가를 제공할 수 있는 도량이 있습니다. 따라서 이 딜레마는 실제로 극복 불가능한 것이 아니지만 신뢰 관계 구축은 나름대로 손이 가는 일이라서 예삿일이 아닌 것은 확실합니다.

여기에서 등장하는 또 다른 해결 방법이 '화폐'입니다. 화폐는 누구든지 갖고 싶어 하는 물건입니다. 왜 누구든지 화폐를 갖고 싶어 할까요? 무엇과도 교환할 수 있기 때문입니다. 왜 무엇과도 교환할 수 있을까요? 누구든지 화폐를 갖고 싶어 하기 때문입니다. 여기에서도 앞과 똑같은 계란과 닭의 끝없는 순환이 얼굴을 내밀었습니다.

화폐는 누구든지 갖고 싶어 하기 때문에 무엇과도 교환할 수 있고, 무엇과도 교환할 수 있기 때문에 누구든 갖고 싶어 합니다. 이 계란과 닭의 관계 역시 걱정하지 않아도 됩니다. 모두가 교환할 수 없어서 곤란을 겪을 경우, 적당한 방법으로 특정한 물건이 화폐가 되면 모두가 갖고 싶어 하는 물건이 됩니다. 이 말을 믿을 수 없다면 내가 쓴 책『화폐의 복잡성』을 읽어 보세요. 거기에 증명해 놓았습니다.

이렇게 해서 출현한 화폐가 있으면 문제를 해결할 수 있습니다. 내가 필요한 물건을 당신이 갖고 있는데 당신은 내가 갖고 있는 물건이 필요하지 않은 경우, 나는 어떤 방법으로 내가 갖고 있는 물건을 화폐로 교환하면 됩니다. 그렇게 하면 당신에게 "화폐와 그것을 교환해 주세요"라고 말할 수 있습니다. 당신은 기꺼이 나에게 그 물건을 주겠지요. 이것은 나와 당신 사이에 강한 신뢰 관계를 구축하지 않고 교환이 실현되었음을 의미합니다. 화폐는 순간적으로 나와 당신을 연결해 주는 장치입니다.

이 최초의 거래가 서로에게 좋은 느낌을 준다면 나와 당신 사이에는 신뢰 관계의 씨앗이 만들어진 것입니다. 이 씨앗을 나와 당신이 키워 나가면 닭과 계란의 딜레마를 넘어서서 강한 신뢰 관계를 구축하는 것도 불가능하지 않습니다. 적어도 아무런 단서도 없는 경우에 비하면 신뢰 관계를 구축하기가 훨씬 쉬워집니다. 즉 화폐를 매개함으로써 상호 신뢰 관계를 구축하는 것이 쉬워집니다.

그렇지만 화폐 사용에 좋은 일만 있는 것은 아닙니다.

명제 5-1

화폐는 신뢰 관계 없이 교환을 가능하게 한다.

화폐의 이러한 기능은 양날의 칼입니다. 화폐를 통한 거래를 계기로 나와 당신 사이에 신뢰 관계를 구축할 수 있다는 적극적인 기능 이외에, 화폐만 있으면 신뢰 관계 없이도 살아갈 수 있다는 소극적인 사용 양식이 있기 때문입니다.

이 기능은 실제로 화폐의 부작용에 지나지 않지만 이것이야말로 화폐의 주된 작용이라고 폭넓게 여겨집니다. 앞에서 말한 슈베르머 씨가 화폐를 손에서 놓을 결심을 한 것도 이 부작용을 두려워했기 때문입니다.

내가 당신에게 물건을 받은 대신 화폐로 지불했다고 해도 그 화폐는 '세상을 돌아다니는 것'이기 때문에 돌고 돌아서 나에게로 옵니다. 화폐가 내게 돌아왔을 때까지의 흐름을 살펴봅시다.

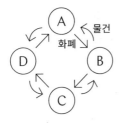

$$A \rightarrow B \rightarrow C \rightarrow D \rightarrow A$$

이렇게 화폐가 일주하면 물건은 화폐의 흐름과 반대로 흘러갑니다.

A ← B ← C ← D ← A

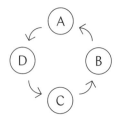

　화폐가 A에서 나와 A로 돌아왔다면 그것은 결국 원래 상태로 돌아온 것에 지나지 않는데 A는 B에게서 필요한 물건을 제공받고 B는 C에게서, C는 D에게서, D는 A에게서 각각 갖고 싶은 물건을 제공받았습니다. 이 내용은 앞서 서로 주고받는 방식을 설명한 그림과 같습니다. 그래서 이렇게 말할 수 있습니다.

명제 5 - 2

화폐를 사용하면 자신도 모르는 사이에
서로 물건을 제공하게 된다.

이 명제는 화폐의 사용이 신뢰 관계를 구축하지 않고도 자신도 모르는 사이에 서로 물건을 주고받는 것과 똑같은 효과를 만들어 냈다는 것을 의미합니다.

코지마─나카무라 원리가 보여 주듯이 자립은 타자에게 의존하면서 달성되는데 화폐를 사용하면 자립을 위한 첫 번째 걸음을 쉽게 내디딜 수 있습니다. 이 첫걸음을 '자신도 모르는 새에 주고받음을 달성했다'라는 축복의 말로 해석할지 아니면 '주고받는 것을 하지 않고도 교환할 수 있다'라는 소극적 의미로 해석할지는 해석하는 사람 나름입니다. 그렇기 때문에 어느 쪽 해석이 옳다고 말할 수 없는 듯 보이지만 각자의 자립이라는 관점에서 본다면 후자의 해석은 애써 자라난 자립의 싹을 잘라 버리는 잘못된 해석이 됩니다. 따라서 다음과 같은 생각은 잘못된 것입니다.

잘못된 명제 5-1

화폐만 있으면 신뢰 관계는 필요하지 않다.

그리고 다음과 같은 생각은 더 잘못되었습니다.

화폐가 없으면 신뢰 관계가 있어도 쓸모없다.

　화폐는 애당초 신뢰 관계의 대체물에 지나지 않기에 신뢰 관계가 있으면 화폐가 없어도 어떻게든 됩니다. 이러한 사실을 유념해 두세요.

　슈베르머 씨가 화폐를 사용하지 않고 살아 내는 실험으로 부정하려고 한 것은 이 잘못된 명제입니다. 그러므로 화폐를 사용하지 않겠다는 생각은 전혀 불필요하며, 사고방식을 바꿀 필요가 있다고 슈베르머 씨는 주장합니다. 어떻게 사고방식을 바꾸면 좋을지는 이미 설명했습니다. 화폐로 연대를 만들어 낼 수 있도록 사용하면 됩니다.

　화폐에 관한 잘못된 신념의 근원은 '자립은 타인에 대한 의존에서 벗어나는 것이다'라는 잘못된 신념에 있습니다. 그 결과 이렇게 생각해 버립니다.

자립은 타인에게 의존하지 않는 것이고

타인에게 의존하지 않기 위해서는 돈을 손에 넣으면 된다.

그러므로 다음과 같이 말할 수 있지요.

명제 5 - 3

자립은 돈으로 살 수 없다.

그렇다고는 하지만 스스로 일해서 돈을 손에 넣는 것은 훌륭한 일입니다. 그러나 그 돈으로 타인과 나 사이에 의존 관계를 만들지 않으면 자립은 얻을 수 없습니다.

명제 5 - 4

화폐는 타인과 신뢰 관계를

만들기 위해 사용해야 한다.

이 명제가 코지마-나카무라의 원리에서 도출된 자립의 길입니다. 화폐 지출은 마땅히 관계에 투자하는 것이어야 합니다. 똑같은 것을 사더라도 그것이 당신의 욕망을 얼마만큼 채워 주는지만을 생각하는 것은 능사가 아닙니다. 그것을 구입함으로써 어떤 관계가 만들어지는지 생각하는 것이 자기 자신을 중하게 여기는 것과 이어집니다.

화폐의 기능에는 또 한 가지 중요한 점이 있습니다.

명제 5-5

**화폐는 사람과의 굴레를
끊어 내기 위해 사용할 수 있다.**

인간관계는 날것이라서 부패하기 쉽습니다. 아무리 친밀하고 따뜻한 관계라도 자그마한 일이 계기가 되어 상대가 점점 싫어지고 질리는 경우가 빈번하게 일어납니다. 이것이 '악연'이라는 녀석입니다.

이 악연이 생기면 일이 복잡해집니다. 모처럼 만들어진 친구 네트워크가 이것이 생김으로써 순식간에 부패하기 시작합니다. 만약을 위해 의지가 되어야 할 네트워크가 부패하면 목숨에도 관련되는 중대한 사건이 됩니다.

상대와 관계를 완전히 끊어 버리면 자신이 필요한 것이 손에 들어오지 않을 수도 있습니다. 그렇다고 해서 그 필요한 물건을 신뢰할 수 있는 다른 사람에게서 얻으려고 관계를 새롭게 구축하는 것도 큰일입니다.

이럴 때는 적당한 형태로 상대와 관계를 유지하다가 서로 소원해지면 그대로 손에서 놓으면 됩니다. 그런 마법 같은 일이 화폐로 가능합니다. 현금으로만 매개되는 관계로 전환하면 악연을 끊으면서 관계를 계속할 수 있습니다.

혹은 상대와 인연을 끊고 싶은데 상대가 집착하는 경우도 있습니다. 이런 경우에는 위자료 같은 돈을 주고 관계를 완전히 끊는 관행이 인류 사회에 널리 공유되어 있습니다. 이 또한 화폐의 중요한 기능이라고 볼 수 있습니다.

중세 일본어에는 '덕이 있는 사람'이라는 뜻의 '우토쿠진(우토쿠닌)'うとくじん(うとくにん)이라는 말이 있습니다. '有德人'(유덕인) 혹은 '有得人'(유득인)이라고도 씁니다. '부자'라는 의미인데 그런 뜻만은 아닙니다. 한자를 보면 알 수 있듯이 '덕'이 있어서 '득'을 본다는 의미도 포함됩니다. '덕이 있는 사람'은 여유가 있기 때문에 솔직하고 대범하고 까다롭지 않다는 생각이 담겨 있습니다.

이런 사람은 돈을 사용하는 방식이 인색하지 않고 돈이

필요한 사람에게 '준다'는 자세에서 시작합니다. 그러나 귀한 돈을 누구에게나 함부로 주지는 않고, 사람을 보고 마음에 들면 돈을 줍니다. 그런데 그냥 준다면 돈을 받은 사람이 열등감을 느낄 테니 그 사람이 만든 것을 사거나 뭔가 일을 시키는 것입니다. 그런 식으로 의미 있는 일을 부탁하면 부탁받은 쪽도 자연스럽게 열심히 일하고, 부탁한 쪽도 그 일에 기분 좋게 돈을 지불합니다. 이 지불은 단순한 지불이 아니라 사례입니다. 이렇게 함으로써 마음에 드는 사람과 좋은 인연을 맺습니다.

이렇게 여기저기 마음에 든 사람과 좋은 인연을 유지해 놓으면 좋은 이야기가 그 인연을 통해 생깁니다. 이른바 '이익이 되는 이야기'가 아니라 '좋은 이야기'입니다. 그 이야기를 마음에 드는 사람들과 함께 유지함으로써 또 돈이 굴러 갑니다. 그 돈으로 인연을 넓혀 또 돈을 버는 것이 '덕이 있는 사람'의 방식입니다.

명제 5-6

경제인이 아니라 덕이 있는 사람이 되는 것.

이것이 현명한 방법이라고 나는 생각합니다.

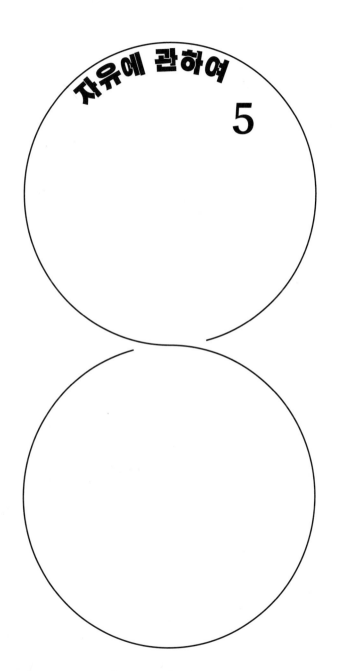

자유에 관하여

5

화폐 다음으로는 '자유'라는 주제로 이야기를 진행해 보겠습니다. 화폐와 자유가 연결되어 있기 때문입니다. 앞에서 다룬, 화폐로 악연을 끊는 이야기가 전형적인 예입니다. 돈이 있으면 악연에 의지할 필요 없이 악연을 끊어 버리고 생기를 찾을 수 있습니다.

　예를 들어 이런 것입니다.

　'돈만 있으면 성가신 부모 밑을 떠나 재미없는 학교도 그만두고 내가 살고 싶은 곳에서 좋아하는 일을 하면서 살 수 있는데…….'

　'돈만 있으면 싫어하는 상사에게 머리를 숙이고, 월급이 10만 엔 정도인 쩨쩨한 회사와 작별하고 마음 가는 대로 살 수 있는데…….'

　'돈만 있으면 진저리나는 아내/남편에게서 벗어나 좀 더 멋진 여성/남성과 행복하게 살 수 있는데…….'

　요컨대 돈만 있으면 인간은 자유롭게 살 수 있을 것 같습니다. 그런데 과연 이런 생각이 사실일까요? 돈만 있으면 인간은 자유롭게 될까요?

말할 필요도 없지만 이 명제는 틀렸습니다. 물론 돈이 없는 것보다는 있는 편이 좋은 경우가 많다는 점은 틀리지 않습니다. 돈이 너무 많아서 곤란을 겪는 사람보다 너무 적어서 곤란을 겪는 사람이 압도적으로 많은 것도 사실입니다.

그러나 돈이 많아도 어떻게 할 수 없는 경우 역시 많습니다. 그 전형적인 예가 '죽음'입니다. 아무리 돈이 있어도 언젠가는 죽는 것이 인간의 운명입니다. 게다가 '사랑'도 돈으로는 살 수 없습니다. 지금까지의 논의에서 이미 밝혀진 사실인데 돈으로 '성행위'를 할 수는 있겠지만 그것이 만들어 내는 것은 '집착'뿐입니다. '우정'도 똑같습니다. '존경'도 돈으로 살 수 없습니다. 돈으로 살 수 있는 것은 아첨뿐입니다.

게다가 돈이 있으면 잃는 것도 많습니다. 돈은 늘어나기도 하지만 줄어들기도 하기 때문에 돈이 많으면 돈에 신경을 쓰게 됩니다. 그리고 많은 사람이 집착을 숨기고 겉치레 미소로 다가옵니다. 그런 사람 중에는 배경에 권력과 폭력이 있는 사람이 다수라 매정하게 대할 수도 없어서 여러 악연이 생깁니다. 그 악연이 악화하지 않도록 여기저기 얼굴도장도 찍어야 해서 귀중한 시간을 시시한 녀석과 즐기는 척하는 데 낭비하게 됩니다. 이렇게 돈이 있으면 악연이 늘어나 자유가 없어지는 경우도 많습니다.

돈이 좋은 점은 그것을 갖고 있으면 자신이 원할 때 갖고 싶은 것과 교환할 수 있다는 점입니다. 세상 사람들의 말을 빌리자면 '선택지가 넓어집니다.' 왜 돈을 갖고 있으면 선택지가 넓어질까요? 세상 사람들이 모두 돈을 갖고 싶어 하기 때문입니다. 모두가 갖고 싶어 하는 것을 갖고 있으면 그것과 교환해서 무엇이든 손에 넣을 수 있습니다. 이렇게 해서 얻은 자유를 '선택의 자유'라고 합니다.

'높은 사회적 지위'도 돈과 똑같은 효과가 있습니다. 곧 남이 우러러보게 된다는 말입니다. '돈＝지위'라는 사회도 있지만 그렇지 않은 사회도 많습니다. 예를 들면 일본 사회는 돈으로 지위가 결정되지 않는 사회입니다.

그런 사회에서는 남이 우러러보면 주위 사람이 말을 들어주기 때문에 좋아하는 것을 무엇이든 할 수 있습니다. 이를 통해 또한 선택의 자유를 얻을 수 있게 됩니다. 왜 사회적 지위가 높으면 선택의 자유가 생길까요? 세상 사람이 모두 높은 사회적 지위를 갖고 싶어 하기 때문입니다. 모두가 부러워하는 지위에 올라 그 지위를 이용하면 무엇이든 손에 넣을 수 있습니다.

사회적 지위가 높으면 소득도 많아지고 돈을 빌리는 일도 쉬워지기 때문에 돈을 융통하기가 편해집니다. 그것 이상으로 주위 사람이 감탄하는 경우가 많아지고 허영심을 채울 일도 생깁니다. 사회적 지위가 높은 사람은 알게 되는 사람도 비슷하기 때문에 무엇을 할 때 의논할 상대가 부족하지 않습니다. 주위 사람의 주목을 받을 기회가 늘고 여기저기 갈 일이 많아지면서 자극적인 인생을 살게 되어 지루하지 않습니다.

나는 어렸을 때 "좋은 학교를 나오면 무엇이든지 할 수 있다. 어떤 직업도 가질 수 있다"는 말을 들었습니다. 그래서 입시공부를 열심히 해서 좋은 학교에 들어갔습니다. 똑같은 말을 일본의 많은 부모와 교사가 하는데 일본 사회에서는 높은 학력이 높은 사회적 지위를 획득하기 위한 최고의 도구이기 때문입니다. 곧 사람들이 갖고 싶어 하는 화폐와 지위를 갖고 있으면 그것을 부러워하고 갖고 싶어 하는 사람의 마음을 이용해서 그 사람이 가진 것을 손에 넣을 수 있는데 학력이 그 시작점이 됩니다.

그러나 지위가 높아져도 어떻게 할 수 없는 것이 많습니다. 이미 말했듯이 죽음, 사랑, 존경 등은 돈과 마찬가지로 지위만으로는 어떻게 할 수가 없습니다. 지위가 높으면 잃는 것이 많은 것도 돈과 똑같습니다. 지위가 높고 낮음에 신경을 쓰게 되는 것도, 집착이 강한 사람이 모여들어 여러 악연이 만들어지는 것도 똑같습니다. 그 악연을 유지하느라 귀중한 시간을 빼앗기는 것도 똑같습니다.

설령 가벼운 범죄를 저질러 세상에 알려지더라도 지위가 낮으면 그다지 큰 영향이 없는데 지위가 높으면 파멸합니다. 그렇기 때문에 사회적 지위가 높아서 잃게 될 자유도 큽니다.

자신이 자립하지 않아 부자유하다고 느끼는 사람은 종종 이 '선택의 자유'를 손에 넣어 자립을 확보하려고 합니다. 지금은 이렇게 굴욕적인 상태에 있지만 출세해서 혹은 돈을 손에 넣어 자립하면, 자유로운 인간이 되어 갖고 싶은 것을 손에 넣고 하고 싶은 것을 하리라 생각합니다.

그러나 이 생각은 다음에서 제시하듯이 코지마-나카무라 원리에서 본다면 성립하지 않습니다. 돈과 지위의 힘을 빌려 갖고 싶은 것을 손에 넣고 좋아하는 것을 하는, 다시 말해 선택의 자유를 누리는 상태를 좀 구체적이고 상세하게 살펴봅시다. 먼저 다음과 같은 문장을 제시하겠습니다.

자유는 선택의 자유를 의미하지 않는다.

이런 말을 하면 "그러면 뭔가를 강제당하는 것이 자유라고 말하는 건가?"라는 말을 들을 수도 있습니다. 물론 그런 것은 자유가 아닙니다. 내가 전하고 싶은 것은 이 말입니다.

선택지가 풍부해지는 것 = 자유가 아니다.

이게 무슨 말인지 설명해 보겠습니다.

성공은 가능한 선택지 중에서
최선의 선택을 하는 것이 아니다.

이 말은 조금 생각해 보면 알 수 있습니다. 물론 선택형의 입시 시험 같은 것에서는 최선의 선택지를 선택하면 성공합니다. 그러나 현실 세계에서 이렇게 되는 경우는 없습니다.

예를 들면 대학입시에서 어느 대학에 원서를 낼지 고르는 장면을 상상해 봅시다. 자신의 학력으로 합격할 가능성이 있는 대학 학부 중 가장 순위가 높은 곳에 내는 것이 최선일까요? 그렇지 않습니다. 예를 들면 설령 일본에서 가장 공부를 잘한다고 해도 나처럼 깜빡깜빡 실수가 잦은 사람은 도쿄대학 의학부에 진학하지 않는 편이 현명합니다. 왜냐하면 사람의 목숨에 관련된 일에서 깜빡 실수를 저지르면 그것은 자신의 파멸로 이어지기 때문입니다. 그리고 피를 보면 현기증이 나는 사람도 포기하는 편이 좋겠지요.

자신의 학력으로 합격할 수 있는 범위의 대학 학부 가운데 자신의 장래에 가장 유리한 곳에 원서를 내는 것이 옳을 겁니다. 문제는 '자신의 장래에 가장 유리하다'는 것이 무엇을 의미하는가입니다.

자신의 장래에 무엇이 일어날지 알고 있으면 무엇이 가장 유리한지 판정하는 것도 원리적으로 가능합니다. 그러나 자신의 장래에 무엇이 일어날지 알 수 있을 리가 없습니다. '자신의 장래를 위해서 가장 유리하다'는 판정은 의미가 없다는 말입니다.

그뿐 아닙니다. 자신의 장래에 무엇이 일어날지 알고 있으면 무엇이 가장 유리한지를 판정하는 것이 원리적으로 가능하다고 말했지만 원리적으로는 가능해도 실제로는 불가능합니다.

선택은 양자택일의 조합으로 구성할 수 있습니다. 예를 들면 '어떤 학부로 할까?'라는 선택의 문제는 '문과인가, 이과인가?' → '사회과학 계열인가, 인문과학 계열인가?' → '경제학인가, 법학인가?'와 같은 식으로 양자택일을 조합해 보는 것이지요.

'어느 대학에 들어갈까?'라는 선택 문제에서도 '일본에 있는 대학에 들어갈까, 외국 대학에 들어갈까?' → '서일본 대학에 갈까, 동일본 대학에 갈까?' → '혼슈에 갈까, 그 밖의 지역으로 갈까?' → '규슈로 갈까, 시코쿠로 갈까?' → '미나미시코쿠로 갈까, 기타시코쿠로 갈까?' → '가가와로 갈까, 에히메로 갈까?' → '국립대학으로 갈까, 다른 대학으로 갈까?'와 같은 선택을 조합할 수 있습니다. 이렇게 해서 학부와 대학의 결정을 이어 나가면 예를 들어 '가가와대학 경제학부에 원서를 내자'와 같은 선택이 가능합니다.

만약 당신이 '이런 식으로 결정하지 않잖아……'라고 생각한다면 정답입니다. 사람은 보통 이런 식으로 생각하지 않습니다. 하지만 '선택'이라는 틀은 기본적으로 양자택일의 조합으로 표현될 수 있기 때문에 무엇을 선택한다는 말은 양자택일을 조합한다는 것과 같습니다.

하나의 양자택일 문제에는 두 가지 선택지가 있고, 앞의 예에서는 학부를 결정하는 데 세 단계, 대학을 결정하는 데 일곱 단계 해서 총 열 단계의 선택을 합니다. 이런 식으로 $2^{10} = 1,024$가지 조합이 가능하지요.

이 중에서 최적의 대학을 선택하면 되는데 어느 대학이 최적이 될지는 곧바로 정해지지 않습니다. 왜냐하면 대학 진학과 더불어 자신의 행동에 따라 어느 대학이 최적인지 바뀌기 때문입니다.

예를 들어 이런 상황에 놓일 수 있습니다.

'하숙을 할지 말지'
'진지하게 공부를 할지 말지'
'애인을 만들지 말지'
'동아리 활동을 할지 말지'
'외국 배낭여행을 갈지 말지'
'자전거로 일본 일주를 할지 말지'
'하이쿠를 배울지 말지'

항목은 무수하게 생길 수 있는데 저런 일과 대학 학부 선택에 관계가 없는 것은 아닙니다. 저런 항목이 20가지 있다고 하고, 앞의 10단계와 합하면 30가지 선택을 조합하게 됩니다. 이 경우 $2^{30} = 1,073,741,824$가지 조합이 나옵니다. 항목이 하나 늘 때마다 두 배로 늘기 때문에 순식간에 엄청난 수가 됩니다. 최적의 대학생활을 결정하려면 10억 가지 경우의 수에서 하나를 선택해야 합니다. 예삿일이 아닙니다.

조금 생각해 보면 알 수 있는데 대학을 4년 동안 다니면서 선택해야 하는 항목은 20가지 같은 적은 수가 아닙니다. 어떻게 세느냐에 따라 달라지지만 수천, 수만, 수십만 정도겠지요. 결국 무수한 선택지와 직면하게 되어, 거기에서 최적의 선택지를 고르는 것은 원리적으로는 가능하더라도 실제로는 불가능합니다. 그뿐 아닙니다. 이 결정에는 앞으로 일어날 일도 관련되어 있습니다.

예를 들면 이런 것입니다.

'대학 졸업까지 부모가 학비와 하숙비를 보내 주는지 아닌지'

'좋은 아르바이트를 찾을 수 있는지 아닌지'

'여자친구/남자친구가 고향에 있는지 없는지'

'여자친구/남자친구가 있다면 4년 이내에 헤어질지 아닐지'

'현지에서 여자친구/남자친구를 만날 수 있을지 없을지'

'취직되었을 때 경기가 좋을지 나쁠지'

'자신의 출신 지역이 악화할지 발전할지'

'국내 경제가 악화할지 발전할지'

'대지진이 일어날지 아닐지'

이처럼 여러 가지 사정을 고려해야 합니다. 이러한 조건의 조합으로 최적의 대학 학부는 바뀝니다. 설령 당신이 공부를 아주 잘하고 무슨 일이 있어도 도쿄대학에 입학하고 싶다고 해도 입학 후에 도쿄에 대지진이 일어나리라는 것을 분명히 알고 있다면 도쿄대학에 가고 싶지는 않겠지요.

그런데 이러한 조건을 사전에 모두 고려하는 것은 불가능합니다. 이러한 항목이 발생할 확률에 따라 기대치를 계산해서 기대치가 최대인 것을 선택하는 방법도 있지만 그 계산 또한 엄청난 양입니다.

곧 어느 대학 학부에 원서를 내느냐는 문제를 '최적 선택'이라는 시점으로 설정해서 '자신에게 가장 유리한 선택'을 하는 것이 원리적으로 가능하더라도 그 실행이 원리적으로 불가능합니다. 이 문제는 대학 진학에만 해당하지 않습니다. 어떠한 문제라도 최적 선택이라는 설정은 의미가 없습니다. 따라서 이렇게 말할 수 있습니다.

명제 6 - 3

인생에는 늘 무수한 선택지가 있다.

그렇기 때문에 다음과 같이 말해야 합니다.

명제 6 - 4

무수한 선택지 중에서 옳은 선택을 한다는 것은

원리적으로 불가능하다.

뭔가를 선택해야 할 상황, 예를 들면 어느 대학의 어느 학부에 원서를 내야 하는 상황에 직면했다고 합시다. 당신이 '어느 것이 정답인지 모르겠다'고 생각한다면 정답입니다. 왜냐하면 옳은 선택지를 생각한들 의미가 없기 때문입

니다.

　여기에서 '옳은 선택지를 모른다'는 점에 불안을 느끼면 곤란합니다. 선택이라는 사고방식의 위험이 여기에 있습니다. 이런 방식으로 자신의 정황을 인식하면 정답인 선택지가 있고 그 외는 틀렸다는 말이 됩니다.

　그런데 인생에서 선택은 어느 쪽이 정답인지 모릅니다. 이 '모름'을 그대로 받아들인다면 문제없습니다. 그러나 '정답을 모른다'는 것에 불안을 느끼면 냉정을 잃게 됩니다. 냉정을 잃은 상태에서는 아무리 생각해도 소용이 없어 정말로 말도 안 되는 결말을 맞게 됩니다.

　혹은 반대로 어느 쪽 선택지를 '정답'이라고 믿어 버려도 마찬가지입니다. 정답이 없는 곳에 정답을 설정하면 문제가 됩니다. 설정된 정답이 옳다고 믿어 버리는 것은 냉정을 잃었다는 뜻입니다. 따라서 이렇게 말할 수 있습니다.

명제 6 - 5

선택이라는 설정 자체가 위험하다.

　실은 인생의 어떤 국면에서 선택을 해야 한다면 그 상

황 자체가 이미 잘못된 것입니다. 예를 들어 사귀고 있는 남성에게서 "나와 결혼할 거야 말 거야?"라는 선택을 강요받으면 이미 별로 좋은 상태가 아니라는 사실을 알아야 합니다. 그런 경우에는 그 남성에게서 쏜살같이 도망가는 것이 정답입니다. 만약 다음과 같은 상황에 놓이면 어떻게 해야 할까요?

'어느 대학으로 할 거야?'
'어느 회사로 할 거야?'
'살 거야, 말 거야?'
'도장 찍을 거야, 말 거야?'

이렇듯 어떤 선택을 해야 하는 상황에 몰린다는 것은 그 상황이 이미 좋지 않다는 말입니다. 기본적으로는 다음과 같은 행동지침이 옳다고 봅니다.

명제 6-6

선택이라는 상황에 내몰린다면
그 자리에서 도망가야 한다.

아무리 해도 도망갈 수 없을 때는 그 순간에 자신이 좋다고 느끼는 것을 선택할 수밖에 없습니다.

명제 6 - 7

불가피한 선택에 직면하면

어느 쪽을 선택하느냐는 문제가 되지 않으며,

어떻게 선택하느냐 하는 것만이 문제가 된다.

이 경우에는 다음의 명제에 전력을 집중해야 합니다.

명제 6 - 8

자기 내면의 목소리에 귀를 기울이고

그 목소리에 따른다.

말하기는 쉬워도 실행하기는 어려운데, 자신의 감각에 따르는 것 이외의 길은 없습니다. 이상한 느낌이 들긴 하지만 아무리 생각해도 이득이라거나 거절하기 힘들다는 이유로 선택하면 확실히 실패합니다.

그리고 이 말을 유념해야 합니다.

명제 6-9

어느 쪽인가를 선택한 이상 다른 선택지는

이미 닫혔다고 여기면 안 된다.

선택이라는 관점에서 본다면 인생의 모든 순간이 선택의 장면이고 언제라도 지금의 상황을 바꿀 수 있기 때문입니다. 예를 들면 어떤 대학의 경제학부에 들어갔는데 그 후에 자신이 경제학을 죽을 만큼 싫어한다는 사실을 알게 되었다고 합시다. 이미 대학에 들어간 이상 아무리 재미가 없어도 경제학을 공부해야 한다고 생각해서는 안 됩니다. 경제학에도 여러 세부 분야가 있어서, 겉으로 보기에는 경제학인데 내용은 전혀 다른 것을 연구하는 사람도 많이 있습니다. 그런 분야를 연구하는 교수 밑에서 지도를 받으며 공부를 계속하고 다른 학부의 수업과 주변 학문의 수업으로 점수를 받아 졸업하는 것도 가능합니다.

그런 것도 싫다면 경제학 공부를 그만두면 됩니다. 부

모가 허락하지 않는다면 이 기회에 부모와 맞서면 됩니다. 여하튼 생각하기 나름입니다. 인생이란 선택을 쌓아 나가는 것이라고 보는 관점이 중요합니다.

'선택의 자유'가 자유가 아니라고 한다면 애당초 자유란 무엇일까요? 예를 들어 식물을 이미지로 상상해 보면 좋을 것입니다. 여기에 어떤 씨앗이 있다고 합시다. 그 씨앗을 햇볕이 풍부한 땅에 심어 적당한 습기를 제공하면 어떻게 될까요? 물론 습기와 햇볕을 싫어하는 식물은 다르겠지만 그 식물에 적합한 조건을 제공하면 씨앗은 이윽고 싹이 나고 무럭무럭 성장하겠지요. 그렇게 해서 쭉쭉 커 가는 식물을 보면 기분이 좋습니다.

이 무럭무럭 커 가는 것이 '자유'라고 생각하면 좋겠습니다. 자기 자신의 '씨앗'을 자신이 바라는 방향으로 성장시키는 것, 그것이 식물에게 자유라면 인간에게도 자유라고 볼 수 있겠지요. 따라서 나는 이렇게 생각합니다.

명제 6-10

자유는 자신이 바라는 방향으로 성장하는 것이다.

인간도 식물도 영양과 햇볕과 수분이 꼭 필요합니다. 이러한 것이 결핍되면 자유롭게 클 수 없습니다. 하지만 그것이 인간의 자유를 보장해 주지는 않습니다.

내가 현장 연구를 위해 다니는 중국 황토고원의 향촌은 중국에서도 가난한 곳으로 알려져 있습니다. 이곳 사람의 연봉은 1만 엔 정도입니다. 정말 얼마 전까지만 해도 기아가 문제였습니다. 그런데 이곳 사람들은 아름답습니다. 특히 아이와 노인의 아름다움은 가슴을 울립니다.

이에 비해서 관광하러 이 지역에 오는 도시의 윤택한 중국인의 모습은 아름답지 않습니다. 특히 돈과 권력을 가진 상류층 사람의 모습은 추악하게 보일 정도입니다. 이 시각적 사실은 물질적인 풍요가 갖는 한계를 나에게 통렬히 가르쳐 주었습니다. 자유롭게 쭉쭉 성장하는 데 물질 기반은 그다지 많이 필요하지 않습니다. 나는 다음과 같은 명제를 마음에 깊이 새길 수밖에 없었습니다.

───── 명제 6-11 ─────

풍요는 자유를 보장해 주지 않는다.

자유로워지기 위해서는 자기 자신을 성장시켜야 합니다. 냉정하게 생각해 봅시다. 적어도 현대 일본에서 살아가는 자체는 그다지 어렵지 않습니다. 일본쌀은 세계적으로 품질이 아주 좋은데도 밥 한 그릇이 20엔 정도밖에 하지 않습니다. 한 번 식사할 때 세 그릇을 먹어도 60엔, 하루에 180엔입니다. 1년이면 6만 6,000엔 정도입니다. 인터넷에서 대량 판매하는 고시히카리 품종의 쌀이 60킬로그램에 현미 2만 3,000엔, 백미 3만 3,000엔 정도입니다. 쌀 품종을 까다롭게 따지지 않으면 생산지 농가에서 2만 엔 정도에 직접 구입할 수 있습니다.

　　한편 1960년대 후반 일본인의 쌀 소비량이 가장 많던 시기에 한 명당 쌀 소비량은 연간 120킬로그램 정도였습니다. 이 말은 연간 4만-6만 엔이면 배불리 먹을 쌀을 손에 넣을 수 있었다는 것을 의미합니다.

　　요즘은 농가 중 빈집이 많고 보조금을 내주는 곳도 많기 때문에 월 5,000엔 이하로 집을 빌리는 것도 가능합니다. 1만 엔만 내면 훌륭한 집을 빌릴 수 있습니다. 그러므로 집세와 쌀값을 합쳐 1년에 10만-20만 엔 소득만 있으면 전혀 일하지 않아도 집을 빌려 살면서 배불리 먹을 수 있습니다. 여기에 연료비는 포함되지 않았으니 밥을 지으려면 장작을 모아야 하는데, 다행히 오늘날 일본에서는 농촌에서도 장작에 전적으로 의존하는 사람이 드물기 때문에 장작을 구하려고 경쟁하지 않아도 되니 어떻게든 될 것입니다.

물론 이런 수준으로 삶을 꾸리기란 보통 일이 아닙니다. 그러나 이 생활은 불과 수십 년 전의 일본이라면 이렇게만 되면 얼마나 행복할까 하고 많은 사람이 바란 수준입니다. 당시는 땀을 흘려 일해도 배가 고픈 것이 당연했습니다. 사느냐 죽느냐 하는 수준에서 말하면 일단 현대 일본에서 살기는 아주 쉽다고 할 수 있습니다. 정말로 일할 곳이 없다면 생활보호를 받을 수 있기 때문에 좀 더 여유가 있습니다.

그러므로 다음 명제를 먼저 유념해 두세요.

명제 6 - 12

현대 일본에서는 굶어 죽을 일이 거의 없기 때문에 두려워하지 않아도 된다.

한편 명문 대학을 졸업하고 대기업에 취직해 엘리트 샐러리맨이 되었다고 합시다. 그럼 서른이 넘으면 연봉 1,000만 엔을 받을 수도 있습니다. 그러나 거기에는 많은 희생이 따릅니다. 먼저 세금과 사회보험료로 300만 엔 정

도가 나갑니다. 결혼하면 식을 올리는 것만으로도 수백만 엔이 필요하고 집을 할부로 구입하면 연간 200만-300만 엔이 나갑니다. 전기 요금과 수도 요금으로 몇십만 엔이 들어가고 회식비라든지 친구 만나는 데 드는 비용으로 몇십만 엔 정도 써야 합니다. 그리고 매일 아침 7시에 집을 나와 만원 지하철에 오랜 시간 시달리고 회사에서 밤 9시까지 야근하는 것이 당연합니다. 토요일에도 출근하거나 접대 골프를 쳐야 하고, 집에 돌아와도 일을 해야 하는 형국입니다.

회사에서 주는 압박은 어떤 말이나 글로 다할 수 없는데, 내 경험상 고속으로 회전하는 회전목마에 필사적으로 매달려 있는 느낌이었습니다. 결혼 상대가 주부主婦/主夫가 되면 생활비를 전부 혼자 감당해야 하는데도 일만 하느라 집안 생활을 돌아보지 않으면 심한 불평도 들어야 합니다. 1년에 한 번 있는 일주일 정도의 휴가에는 가능하면 집에서 쉬면서 조용히 지내고 싶지만, 욕구불만으로 폭발하기 직전인 가족의 눈치를 보느라 외국 여행을 가서 돈을 써야 합니다.

이런 생활을 계속하다 몸과 마음이 망가지는 사람이 많습니다. 나의 친구 중에도 심각한 병으로 입원해 수술까지 받은 사람은 그나마 괜찮은 경우고, 과로사하거나 실종되거나 자살하는 사람도 있습니다. 이러한 생활 또한 정말로 아주 힘듭니다.

우리의 일반 상식으로 보면 전자의 힘든 생활은 '낙오자의 삶'이고 후자의 힘든 생활은 '성공한 자의 삶'입니다. 그러나 실은 양쪽 모두 힘든 일이며, 다만 힘든 점이 다를 뿐입니다. '자유'라는 관점에서 보면 전자는 기본적으로 필요한 부분에 강한 제약이 걸려 있어서 자유롭지 못하지만 후자는 그 외의 점에서 자유롭지 못합니다.

도시 출신이면서 시골 농가를 빌리거나 싸게 구입해 농사를 지어 살아가는 사람이 일본에는 많이 있습니다. 그런 이들의 삶은 결코 편하지 않습니다. 그냥 하루하루를 먹고 자고 살아간다면 전혀 걱정이 없지만, 그 외의 일을 조금이라도 하려면 돈이 들고, 농사일로 돈을 만드는 것은 보통 일이 아니기 때문입니다. 그러나 이러한 귀농인 중에는 자기 자신이 자라고 싶은 방향으로 자란다는 의미에서 성장하는 자유로운 사람이 많습니다.

물론 도시에서 샐러리맨으로 살아가는 사람 중에도 자유로운 사람은 많이 있습니다. 그런 사람은 회사에서 출세하지 못하거나 고립되거나 해고되는 것을 두려워하지 않습니다. 많은 사람과 관계를 맺으며 귀찮고 힘든 일을 하면서도 자기 자신이 자라고 싶은 방향으로 자란다는 부분을 결코 타협하지 않는 사람은 자유롭습니다.

이러한 용기를 확보한 상태라면 앞에서 말한 대로 '현대 일본에서는 그렇게 쉽게 굶어 죽지 않는다'는 사실이 도움이 되겠지요.

자신이 자라고 싶은 방향으로 자신을 성장시키려면 용기가 필요합니다. 자신을 '나쁜 아이'라고 믿고 자기혐오에 빠지면 결코 자유를 지킬 수 없습니다. 자신이 자라고자 하는 방향이 주위 사람의 상황과 반드시 합치하지는 않기 때문에 여기서 알력이 발생합니다. 그때 자신을 나쁜 아이라고 믿고 겁을 내는 사람은 즉시 자라는 것을 멈추고 맙니다.

명제 7

자유롭기 위해서는 용기가 필요하다.

이런 의미에서 '자유'를 계속 지켜 나가는 용기를 갖는 것과 '이기'를 구별하는 것은 매우 중요합니다. 이기적인 사람과 자유인은 정반대입니다. 자유인은 자기 자신을 받아들이는 데 비해 이기적인 사람은 자기 자신을 받아들이지 않기 때문입니다.

이기적인 사람을 잘 관찰해 보면 자기 자신을 심하게

미워한다는 것을 알 수 있습니다. 자신을 '나쁜 아이'라고 믿고 있어서 그 자기혐오를 감추기 위해 자기 자신의 가치를 확인하려 합니다. 그래서 자신의 이익을 고집하고 자신의 이익이 타인에게 조금이라도 침범당하면 자신의 가치를 빼앗기고 능욕당한 것처럼 격노하는 것이 이기주의자의 행동 패턴입니다.

명제 7 - 1

이기주의자는 자기 자신을 싫어한다.

그러나 이와 마찬가지로 이기주의자의 뒷면에 주의해야 합니다.

명제 7 - 2

이타주의자도 자기 자신을 싫어한다.

이러한 유형의 사람도 이기주의자와 똑같이 자신이 '나

쁜 아이'라고 믿습니다. 그 자기혐오를 감추기 위해 자기 자신의 가치를 확인하려는 것도 똑같습니다. 단 이기주의 자와 달리 이타주의자는 이유도 없이 타인에게 이익을 줌으로써 '면죄'되는 것을 목표로 합니다. 이러한 종류의 이타 행위는 야비한 이기적 행위와 겉으로만 정반대이고 본질적으로 동일합니다.

이에 비해서 자유인은 이기적이지도 이타적이지도 않습니다. 자유인의 목표는 계속 자기 자신으로 있는 것, 자신이 성장하고 싶은 방향으로 자신을 성장시키는 것 그 이상도 이하도 아닙니다. 싫다고 느끼는 것은 거절하고, 싫다고 느끼는 사람과는 사귀지 않습니다. 그 대신에 자신이 좋아하는 것을 좋아하고, 자신이 좋아하는 사람을 주저하지 않고 도와줍니다.

자유인의 모습은 때로 이기적으로, 때로 이타적으로 보일 수 있지만, 그것은 어디까지나 그렇게 보이는 것에 불과합니다. 자신을 소중하게 여기는 자유인의 행동은 자애自愛에 근거하지 자기혐오에 근거하지 않습니다.

명제 7 - 3

자유인은 자애自愛 상태에 있고
이기적이지도 이타적이지도 않다.

이 차이를 명확히 구별해야 합니다. 자유롭기 위해서는 자기 자신이 자라고 싶은 방향을 향해 성장해야 합니다. 그러나 성장은 혼자 결심해서 할 수 있는 것이 아닙니다. 왜냐하면 인간은 누군가와 관계를 맺지 않고는 살아갈 수 없기 때문입니다. 자유롭게 성장하기 위해서는 자신을 받아들이고 지지해 주는 사람이 주위에 많이 필요합니다. 코지마 - 나카무라 원리에서 볼 수 있듯이 많은 사람에게 지지받는 사람이야말로 자립한 사람입니다. 그런 사람은 자립하고 있을 뿐만 아니라 자유롭기도 합니다. 그런 의미에서 이렇게 말할 수 있습니다.

명제 7 - 4

자유인은 자립하고 있다.

자신이 자립하고 있지 않아서 자유롭지 않다고 느끼는 사람은 무엇보다도 먼저 타인과 연결되어야 합니다. 곤란을 겪고 있을 때 도와줄 사람을 한 명이라도 늘리도록 노력해야 합니다. 이 관계는 '주어야 받는'give and take 관계가 아닙니다. 주어야 받는 관계는 주지 않으면 도움을 받지 못하고 정말로 곤란해져 자신이 줄 것이 없을 때는 버림받고 맙니다. 줄 수 있는 것이 아무것도 없어도 곤란을 겪고 있으면 도움을 줄 친구, 그런 친구를 만들어야 합니다.

물론 그런 친구가 하루아침에 만들어지는 것은 아니지만, 그러한 연대를 추구하는 것이 자립과 자유로 가는 첫걸음입니다. 이에 반해, '출세하든가 돈을 벌어 자립해서 자유로운 인간이 되고, 좋아하는 걸 손에 넣어 좋아하는 일을 한다'라는 선택의 자유를 추구하겠다는 발상은 어긋난 데다 불합리합니다.

'자유는 자신이 바라는 방향으로 성장하는 것이다'라는 나의 생각이 옳다고 합시다. 이런 자유로운 인생은 무엇을 목적으로 할까요? 나는 이렇게 생각합니다.

명제 8

인생의 목적은 그 사람 자신의 '도'道의 궁극이다.

'도'道는 『논어』와 『노자』 같은 중국 고전에 나오는 개념입니다. '도란 무엇인가?' 하는 물음은 너무 장대해서 정면으로 논의하기가 아주 어렵지만 나는 '자신의 몸이 가르쳐 주는, 가야 하거나 성장해야 할 방향'이라고 이해합니다. 그때그때 자기 자신이 자라 나가고 싶은 방향이 '도'입니다. 그 궁극이 '인생의 목적'이라고 생각합니다.

이러한 인생의 목적은 언어화하기도, '이것이 내 인생의 목적이다'라고 인식하기도 불가능합니다. 지금 도를 따라 어떤 방향으로 커 가면 도는 다시 다른 방향을 가리킬 겁니다. 따라서 지금 보이는 도를 계속 연장한 곳은 궁극이 아닙니다. 자기 인생의 궁극을 파악하는 일은 애당초 불가능합니다.

그렇다면 인식하기도 불가능한 것을 '인생의 목적'이라고 부르는 것에 어떤 의미가 있을까요?

첫 번째로 인생의 목적을 언어화할 수 있고 인식할 수 있다는 믿음에서 빠져나온다는 의미가 있습니다. 무엇인가 언어화할 수 있는 것으로 인생의 목적을 설정해 버리면 자신의 감각을 배반하게 됩니다.

두 번째로 '인생에 목적 같은 것은 없다' 같은 부정적인 표현은 허무주의와 연결되기 십상이지만, 그에 비해 '인생의 목적은 있지만 보이지 않는다'라는 생각은 생산적입니다. 나는 어쩐지 내가 가고 싶은 방향 저편에 어떤 '완성'이 있는 듯한 느낌이 드는 것을 실감합니다.

예를 들면 훌륭한 스포츠 선수에게는 독자적인 플레이 '형태'가 있습니다. 그러나 그 '형태'는 만들자고 해서 만들어진 것이 아니라, 자신의 몸의 움직임을 끝까지 추구해 이른 결과입니다. 게다가 그 형태는 고정되지 않고 조금씩 계속 바뀝니다. 그것이 어디로 향하는지는 그 사람 자신도 모르겠지만 어떤 '완성형'이 이미지로 있을 테고, 그런 느낌이 들 때는 불안에서 벗어난 듯할 겁니다.

한 사람 한 사람 몸의 모양새가 다른 이상 한 사람 한 사람이 각각의 순간에 느끼는 '도'도 서로 다릅니다. 따라서 당연한 말이지만 이렇게 표현할 수 있습니다.

명제 8 - 1

당신의 인생의 목적은 다른 누구와도 다르다.

이것이 궁극적인 의미에서 '개성'이라고 생각합니다. 개성을 소중하게 여긴다는 것은 개개인이 자기 욕망대로 행동하면 된다는 뜻이 아닙니다. 각각의 사람이 나아가야 할

도는 다르고 그 궁극 또한 다양해서 그 모든 것이 존중되어야 한다는 뜻입니다.

따라서 이 말을 진지하게 받아들여야 합니다.

명제 8-2

인생의 목적은 어떤 말로도 표현할 수 없다.

다음과 같이 목적을 기술하는 자체도 위험합니다.

'노벨상을 받을 수 있는 훌륭한 학자가 되어서 새로운 지식을 발견해 인류 사회에 공헌하겠다.'

'큰 부자가 되어 그 돈으로 어려운 사람을 도와주겠다.'

'훌륭한 기능과 지식을 익혀 세상에 도움이 되는 사람으로 살겠다.'

'마더 테레사 같은 사람은 못 될지라도 조금이라도 고통받는 사람을 돕겠다.'

표현할 수 있다고 생각하면 그것은
뭔가를 강요당한 결과에 지나지 않는다.

그러니 이 명제처럼 생각해야 합니다. 기술된 명제를 자기 인생의 목적이라고 여기는 자체가 자유의 상실을 의미합니다. 반대로 인생의 목적은 기술할 수 없다는 사실을 이해한다면 그것을 느낄 수 있도록 노력하면 됩니다.

인생의 목적을 향해 나아가고 있는가 어떤가는
느낄 수 있다.

이 명제를 마음으로 이해할 수 있다면 당신은 자유롭습니다. 인생의 목적을 향해 나아가지 않는다고 느끼면서 그 싫은 느낌을 억압하면 그 또한 종속입니다. 이 감각을 포착해서 그에 따라 살아갈 용기를 갖는 것이 중요하다고 나는 생각합니다. 물론 아주 쉬운 일은 아니지만 노력하면 실현할 수 있다는 것도 확실합니다.

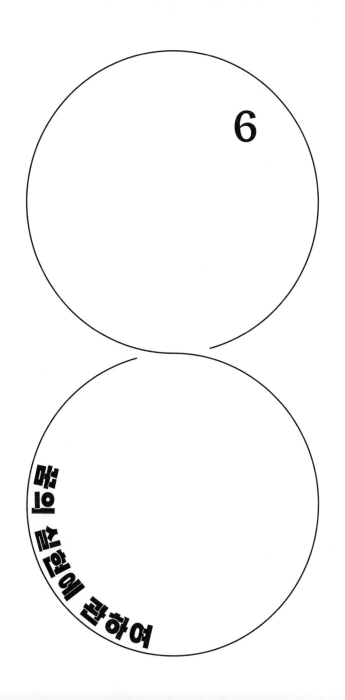

6

죽음의 선언에 관하여

'인생의 목적'이라는 큰 것을 소형화하면 '꿈'이 됩니다. '이렇게 되면 좋겠는데……', '이런 식으로 되고 싶은데……', '이런 일을 하고 싶은데……' 같은 꿈 말입니다.

명제 9
_____

꿈은 인생의 목적을 향해 가는 이정표다.

이렇게 생각하면 좋겠지요. 이 꿈을 제대로 꾸는 것이 성공하는 비결입니다. 인간은 희한한 존재라서 제대로 꿈을 꾸면 몸이 자연스럽게 움직여 그것을 실현합니다. 꿈을 제대로 그려 내는 것은 무엇인가를 달성하기 위한 중요한 스텝입니다.

앞에서 말한 '별의 은화' 실험의 슈베르머 씨는 '우주에 주문한다'는 굉장한 말을 썼습니다. 슈베르머 씨는 돈을 사용해 물건을 사는 것을 스스로 금지한 까닭에 뭔가 필요한 것이 생기면 전력을 다해 손에 넣을 수밖에 없었습니다. 그래서 필요한 것을 구체적으로 상상했다고 합니다. 예를 들어 신발이라면 '신발이 필요하다'가 아니라 '이런 형태, 이런 크기, 이런 색깔, 이런 식으로 신기 편한 구두'처럼 구체적이고 아주 상세한 것까지 상상했던 것이지요.

물론 그렇게 상상하는 것은 꽤 어렵습니다. 하지만 구체적으로 상상하면 정말 희한하게도 구두가 생겼다는 겁니다. 잠시 동안 밖에 나가 남의 집 봐 주기 일을 하고 집에 돌아와 보면 현관에 종이봉투가 놓여 있고, 그 안에 "구두를 구입했는데 나한테는 별로 어울리지 않지만 당신에게는 딱 맞을 듯해 두고 갑니다"라는 친구의 메시지와 함께 슈베르머 씨가 상상한 것과 똑같은 구두가 들어 있는 식이었답니다.

슈베르머 씨는 이러한 상황을 몇 번이나 경험해서 이것을 '우주에 주문한다'라고 이름 붙이고 구체적으로 상상하는 힘을 길렀다고 합니다.

쉽게 믿기 어려운 이야기지만 이 에피소드는 진리의 일면을 보여 준다고 생각합니다. '구체적으로'라는 점이 중요하므로 '도쿄대학에 합격하고 싶다' 같은 추상적인 상상으로는 안 됩니다. 꿈을 제대로 꾸면 반드시 이루어진다는 명제는 너무나도 단정적이어서 쉽게 받아들이기 힘듭니다. 그러나 적어도 이런 명제는 사실이겠지요.

<hr>

명제 9-1

꿈을 꾸지 않고 뭔가를 이루기는 정말 어렵다.

인간이라는 생명체는 자기가 바라는 모습을 제대로 포착하고 있으면 몸이 스스로 그것을 실현하기 위해서 움직입니다. 그렇게 하면 꿈을 실현할 행운이 다가왔을 때 틀림없이 잡을 수 있습니다.

반면에 꿈을 그리지 않거나 그리더라도 당연히 안 될 거라 믿으면 행운이 떨어져도 자각하지 못하고 그냥 지나쳐 버리고 맙니다. 이 차이는 아주 큽니다. 이때 주의할 점이 있습니다.

<hr>

명제 9-2

꿈은 부정형으로 표현되지 않는다.

예를 들면 '아버지처럼 되고 싶지 않다'라는 것은 꿈이 아닙니다. 왜냐하면 부정형은 말로밖에 표현할 수 없기 때문입니다. 방금 앞에서 말한 것처럼 제대로 꿈을 꾸면 몸이 반응해서 행운을 잡을 수 있습니다. 그런데 부정형은 몸으로는 표현할 수가 없습니다. 거짓말이라고 생각하면 시험 삼아 '아버지처럼 되고 싶지 않다'를 몸으로 표현해 보세요. 어렵지 않나요? 혹은 '나는 개가 아니다'라도 괜찮습니다.

자신의 얼굴을 손으로 가리켜 '나'를 표시하고, 네 발이 되어 멍멍 짖어 '개'를 의미한 후 얼굴 앞에서 양손을 엇갈려 가위표를 만들면 된다고 생각할 수도 있습니다. 그러나 마지막의 가위표는 '~이 아니다'라는 부정의 말이 있어야 성립합니다. 만약 언어가 없다면 양손으로 가위표를 만들어도 무슨 뜻인지 알 수가 없습니다.

그러므로 언어로 표현한 부정형을 몸은 이해하지 못합니다. 아니 더 나아가서 몸은 부정을 제외하고 받아들인다고 봅니다.

예를 들면 자동차를 운전할 때 전신주가 신경이 쓰여서 '저 전신주에는 부딪히지 말아야지'라면서 운전하면 뭔가에 홀린 듯이 전신주에 부딪히는 일이 일어납니다.

이러한 사례는 일상생활에서는 종종 경험하는 일이 아닐까요? '이렇게 되면 곤란한데'라고 생각하면 그대로 되어 버리는 괴로운 경험 말입니다.

명제 9 - 3

부정형을 꿈이라고 믿어 버리면

부정의 부분만 빼고 실현된다.

그리하여 이렇게 생각하기 싫은 일이 일어납니다.

명제 9 - 4

예를 들면 '아버지처럼 되고 싶지 않다'고 염원하면

아버지처럼 되고 만다.

등줄기가 오싹해집니다. 그러므로 다음과 같은 사실에
특히 주의를 기울여야 합니다.

꿈은 긍정형의 이미지로밖에 표현할 수 없다.

실제로 해 보면 알겠지만 애당초 구체적으로 이미지화할 수 있는 것은 긍정형뿐입니다. '아버지처럼 된 자신'은 상상할 수 있지만 '아버지처럼 되지 않은 자신'은 상상할 수 없습니다.

그리고 이미지화 능력을 높이기는 사실 그렇게 쉽지 않습니다. 매일매일 꼭 연습해 보세요. 어떻게 연습하면 좋을지는 사람마다 각각 다르기 때문에 '이런 식으로 하세요'라고 말할 수 없습니다. 단 자신이 바라는 것이 무엇인지 생각하면 어렴풋이 떠오르는 이미지가 있을 것입니다. 그 이미지에 의식을 집중하고 초점을 맞춰 해상도를 높여 가는 느낌이 아닐까요. 이 연습만큼 중요한 일은 없다고 생각합니다.

꿈의 실현을 목표로 삼아 이상을 높여 가는 것은 매우 중요한 일입니다. 그러나 동시에 다음과 같은 사실도 잘 기억해 두어야 합니다.

꿈을 실현하는 자체는 아무런 의미도 없다.

이런 말을 하면 내가 꽤나 꼬인 사람이라고 생각할지도 모르겠습니다. 그러나 이 명제는 대단히 중요합니다. 왜냐하면 꿈을 꾸고 강하게 염원하는 것은 좋지만 그 꿈에 집착하면 거꾸로 몸이 긴장해서 움직이지 않게 되기 때문입니다. 꿈은 즐겁게 꾸는 것이지 비장한 결의로 꾸는 것이 아닙니다. 그런 식으로 필사적이 되면 세상일은 제대로 돌아가지 않는 법입니다. 그럼에도 꿈을 이미지화하고 꿈을 위해 자기 자신을 움직이는 데에는 큰 의미가 있습니다. 다음과 같은 이유 때문입니다.

꿈은 실현하는 과정에 의미가 있다.

당신이 어떤 꿈을 꾸고 있다고 합시다. 그 꿈을 달성하

는 자체는 사실 의미가 없습니다. 의미는 그 꿈을 이미지화
해서 자신의 몸을 자유롭게 움직이는 데 있습니다. 몸의 움
직임이 당신을 성장시키기 때문입니다. 또한 꿈을 실현하
기 위해 나아가는 과정에서 누군가를 만나기 마련이고, 그
때 만나는 사람이야말로 진정한 의미에서 친구이기 때문입
니다.

<hr>

명제 10 - 2

꿈을 실현하면서 얻는 부산물이
당신에게 양식이 된다.

꿈을 계속 그리고 제대로 꾸어 나간다면 그 꿈은 실현
되지 않더라도 그 과정에서 얻은 것으로 당신은 다음 꿈을
꿀 수 있게 됩니다. 그러한 꿈의 진전이야말로 당신의 '도'道
입니다.

반대로 만약 꿈이 실현되면 어떻게 될까요? 더 정확하
게 말해 꿈이 실현되었다고 믿으면 어떻게 될까요? 그럼 꿈
이 사라져 버립니다. 그러면 다음에 무엇을 하면 좋을지 모
르게 됩니다.

이건 상당히 무서운 일입니다. 예를 들면 나는 젊은 시절에 닛케이 경제도서문화상을 노리고 있었습니다. 이 상은 일본어로 출판했거나 일본인이 외국어로 출판한 경제학 관련서의 저자에게 주는 것으로 매우 권위 있는 상입니다. 나는 이 상을 반드시 받으리라 결심했습니다. 그리고 염원대로 34세 때 이 상을 수상했습니다. 역대 최연소 수상자였습니다.

그러나 이 상을 받았을 때 나는 단지 한숨 돌렸다는 기분만 들었습니다. 얼마나 기쁠까 늘 상상했는데, 이 상을 받겠다는 바람이 너무나도 강해서 그것을 위해 다양한 노력을 하고 학자들이 감동할 만한 것을 철저하게 해낸 탓에 기진맥진 지치고 말았습니다. 만약 그 상을 받지 못하면 얼마나 비뚤어질지 스스로도 잘 알고 있었습니다. 그렇게 되었다면 나락으로 떨어진 기분이었을 것입니다. 그래서 상을 받고 정말로 한숨 돌렸습니다.

그 이전에도 나는 이러한 의지의 힘을 사용했습니다. 고등학생이었을 때 전혀 공부를 하지 않아서 2학년 때 담임 선생에게서 "국립대학은 무리다"라는 말을 들었습니다. 그래서 오기로 '교토대학에 들어가자'라고 결심했습니다. 첫해는 불합격해서 재수를 했고 이듬해에는 무사히 합격했습니다. 그런데 합격발표 때도 그냥 한숨을 돌렸을 뿐입니다.

대학을 졸업하고 은행에서 잠시 일하다 그 일이 싫어져서 대학원에 들어갔을 때는 상황이 훨씬 아슬아슬했습니다. 여러 사정으로 사직은 할 수 있었지만 그때가 이미 대학원 입시 한 달쯤 전이었습니다. 그래서 대학원 입시공부를 한 달 반 정도밖에 하지 못했는데도 먼저 대학원생이 된 친구의 조언이 도움이 되기도 해서 무사히 합격했습니다. 이때 역시 합격해서 '아이고, 큰일 날 뻔했다'라고만 생각했을 뿐 기쁘지는 않았습니다.

대학원 석사과정에 들어갔을 때는 재수까지 포함해 동기들보다 4년 뒤처진 셈이라서 나는 한시라도 빨리 취직할 곳을 찾으려고 필사적이었습니다. 그 때문에 맹렬한 속도로 공부를 했습니다. 그리고 운 좋게 석사과정을 마치자마자 인문과학연구소의 조교로 채용되었습니다. 이때도 '인문과학연구소의 조교가 되고 싶다'고 강하게 원했습니다. 그리고 채용되었을 때는 정말로 한숨 돌렸지만 역시 기쁘지 않았습니다.

이러한 경험들을 뒤돌아보면 나는 '~을 하고 싶다'라고 강하게 염원하면서 '그렇게 되지 않는다면 죽을 거야' 할 정도로 나 자신을 몰아붙였습니다. 그렇게 되면 인간은 필사적이 되기 때문에 어쨌든 그것을 실현하고 맙니다. 문제는 그렇게 되었을 때 조금도 기쁘지 않다는 것입니다.

사실 나만 그런 게 아닙니다. 내 친구 중에 홍콩대학 교수가 있습니다. 그는 홍콩의 빈민가에서 태어나 아버지에게서 엄격하게 양육받고 뭔가를 실현하지 않으면 결코 칭찬받지 못한다는 것을 몸으로 기억했습니다. 그 '상식 밖의 에너지'를 이용해 홍콩대학에 합격하고 옥스퍼드대학에서 박사학위를 취득해 홍콩대학의 교수가 되었습니다.

그 친구도 나와 똑같은 말을 했습니다. 대학에 합격해도, 박사학위를 받아도, 책을 출판해도, 취직해도 그 순간에는 한숨 돌리지만 곧바로 불안해져서 다음에 또 무엇을 해야 한다고 생각하게 된다고 말입니다.

나는 앨리스 밀러의 『재능 있는 아이의 드라마』◆를 읽고 그런 사람이 무척 많아서 나도 홍콩의 그 친구도 그런 사람의 전형적인 예에 지나지 않는다는 사실을 알고 충격을 받았습니다. 밀러의 책에는 다음과 같이 쓰여 있었습니다.

행복하게 보호받은 어린 시절을 보냈다고 믿고 그 이미지를 가진 채로 심리요법의 문을 두드리는 사람의 수는 놀랄 만큼 많습니다. 그러한 환자는 성장 후의 현재도 가능성이 풍부하고, 재능을 발휘하는 사람도 많습니다. 그 천부의 재능과 성취한 일에 대해 주위에서 칭찬을 받는 사람도 있습니다. 이 사람들은 대부분 한 살 때 기저귀가 필요 없게

◆ 이 책은 한국에 『천재가 될 수밖에 없는 아이들의 드라마』(노선정 옮김, 푸른육아, 2010)라는 제목으로 출간되었다.(옮긴이)

되고 1세 반부터 5세까지는 능숙하게 남동생과 여동생 돌보기를 도와주는 아이였습니다.

일반적으로 믿고 있는 설에 따르면 부모가 자랑할 만한 이런 사람들에게는 강건하고 안정적인 자신감이 있어야 하는데 실제로는 정반대입니다. 그 사람들이 손대는 것은 전부 잘되어서 훌륭한 성과를 내고, 그 사람들은 칭송을 받거나 다른 사람의 질투를 삽니다. 성공하는 것이 중요한 경우에는 결코 실패하지 않습니다.

하지만 무엇을 해도 안 됩니다. 모든 성공의 이면에 우울, 공허감, 자기소외, 생의 무의미가 침전되어 있습니다. 자신은 위대한 존재라는 환각에서 깨어나고 '정점'이 아니게 되거나 슈퍼스타가 아니라고 생각하면 혹은 돌연 자신의 이상적인 상에 합치하지 않는다고 느끼면 숨겨져 있던 것이 즉각 머리를 쳐들게 됩니다. 그러면 불안 발작, 맹렬한 죄책감, 치욕감에 고통받기 시작합니다. 왜 이만큼 재능이 풍부한 사람들이 이만큼 깊은 장애를 안게 되는 걸까요?

밀러는 이러한 일이 어린 시절에 있는 그대로의 자신을 받아들인 경험이 없었다는 데 기인한다고 지적합니다. 내가 보기에 이른바 '엘리트'와 '성공한 사람' 중 많은 이가 이러한 종류의 '병'을 안고 있습니다. 그로 인해 건전한 사람은 결코 할 수 없는 노력과 인내와 발상을 발휘해 '훌륭한 성과'를 올립니다.

그러나 이런 사람이 만들어 내는 눈부신 성과에는 아무 의미도 없습니다. 유일한 의미는 그 사람의 자존심을 풍선처럼 부풀리는 데 유용하다는 것뿐입니다. 그들이 만들어 내는 것은 '훌륭한(훌륭하게 보이는) 성과'에 지나지 않아서 정말로 훌륭한 성과는 아닙니다. 그런 초조와 불안에 시달리면서 진정한 의미의 창의성을 발휘하기는 불가능하기 때문입니다.

인간은 자신감을 갖고 자신의 정신을 자유롭게 펼칠 때만 뭔가 진짜 의미 있는 것을 만들어 냅니다. 현대 사회의 문제는 가치 기준이 뒤틀려 있어서 그런 가치를 가치로서 인정하지 않는 데 있습니다. 그 대신에 '재능 있는 아이'가 초조에 시달려서 토해 낸 것을 칭송합니다.

이러한 재능 있는 아이의 문제점은 꿈을 문자화할 수 있다는 데 있습니다. '교토대학에 합격한다'라든지 '책을 출판한다'라든지 '상을 수상한다'라든지 '도쿄대학 교수가 된다' 같은 꿈은 전부 문자화할 수 있습니다.

실제로 나는 '교토대학에 합격해서 행복하게 사는 나'라든지 '닛케이 경제도서문화상을 수상해서 기뻐하는 나'라든지 그런 구체적인 이미지를 떠올려 본 적이 없습니다.

나의 '꿈'은 추상적이고 문자화할 수 있는 것뿐이었습니다. 거기에 정신을 집중하고 있으면 '꿈'이 손에 들어오지 않았을 때 맛볼 천 길 낭떠러지에 떨어지는 듯한 공포를 또렷하게 느꼈습니다. 그 공포심으로 나는 필사적으로 버둥거리며 문자화한 꿈을 실현해 왔습니다. 그리고 그 꿈은 실현되는 순간 허무하게 사라져 나에게 어떠한 기쁨도 주지 않았습니다. 단지 한순간 공포에서 벗어나게 했을 뿐이었습니다.

이러한 사실에서 나는 다음과 같이 생각합니다.

___

명제 10 - 3

추상적인 '꿈'은 성취되면 곧바로 사라진다.

___

그리고 그 앞에는 다음에 실현해야 할 더욱 힘든 꿈이 우뚝 서 있습니다. 그 꿈은 모노리스Monolith♦처럼 당신을 내려다보고 경멸합니다.

이런 도깨비불을 쫓아서는 결코 행복해질 수 없습니다. 나는 30대 후반이 되어서 몇몇 꿈을 실현한 후 기진맥진해졌습니다. 그 후에 또 다른 꿈, 예를 들면 '세계적으로 유명

___

♦ SF 작품 『2001 스페이스 오디세이』에 나오는 돌기둥 모양의
인공물로 외계 생명체가 만든 고도의 장치.(옮긴이)

한 학자 되기'와 '옥스퍼드와 하버드 같은 대학의 교수가 되자' 같은 꿈을 가지려고 했지만 아무래도 열의가 생기지 않았습니다. 그리하여 급기야 왜 내가 의욕을 잃어버렸는지 고민하기 시작했습니다.

다양한 책을 읽고 나 자신의 인생의 고뇌와 직면하면서 나는 놀라운 사실을 깨달았습니다.

명제 11

행복은 손에 넣는 것이 아니라 느끼는 것이다.

너무나도 당연해서 굳이 입에 담을 필요도 없는 이야기를 마치 새로운 발견인 것처럼 말하는 내가 이상하게 보일지도 모르겠습니다. 보이는 그대로, 정말로 부끄럽게도 나는 이상합니다. 그래서 이렇게 당연하고 간단한 일을 이해할 수 없었던 것입니다. 이런 일을 이해할 수 없었기 때문에 명문 대학에 입학하고 학자가 되고 도쿄대학 교수가 된 것입니다.

나는 왜 이런 일을 몰랐을까요? 느끼는 것에 대한 공포가 내 안에 깊숙이 묻혀 있었기 때문입니다. 누가 그것을 묻었을지 생각해 보니 어머니가 떠오릅니다. 어머니에게는 내가 기저귀를 십 개월 만에 뗐다는 것이 자랑이었습니다. 내가 한 살 반쯤 되었을 무렵 남동생이 태어나서 나는 할머니 집에 맡겨졌는데 한밤중에 화장실에 가고 싶어지면 할머니를 깨웠다고 합니다. 다름 아닌 앞에서 인용한 앨리스 밀러의 문장 그대로입니다.

왜 이러한 일이 일어날까요? 자기 자신을 받아들인다는 경험을 해 보지 못한 것이 원인이라고 밀러는 말합니다. 나도 그렇다고 생각합니다. 자신을 받아들인다는 것은 자신의 감각을 긍정한다는 것입니다. 인간의 감각에는 매우 깊은 계산 장치가 내장되어 있습니다. 거기서부터 인간은 의미를 포착합니다. 따라서 인간이 세상의 의미를 제대로 받아들이기 위해서는 자신의 감각을 받아들이는 경험을 쌓아 가야 합니다. 그렇게 해서 세상과 자신의 관계를 키워 나가야 합니다.

'재능 있는 아이'는 그런 일을 할 수 없습니다. 재능 있는 아이를 키우기 위해서는 그 아이의 감각을 부정하고 어른의 기준에서 사회에 도움이 되는 감각을 강요해야 합니다. 그 방법은 '당근과 채찍'입니다. 떨게 만들고 이익으로 낚는 것입니다. 그렇게 아이를 철저하게 훈련하면 아이는 '재주'를 부리게 됩니다. 그 재주를 터득하는 회로를 단련

시키는 것이 재능 있는 아이를 만들어 내는 부모입니다.

아이를 조금이라도 사랑하는 부모는 이런 일을 할 수 없습니다. 그렇게 하면 아이가 가여워서 견딜 수 없기 때문입니다. 아이에게 애정이 없는데도 자신이 이 아이를 사랑한다고 믿는 강한 부모가 '재능 있는 아이'를 키웁니다. 이런 일은 생각한다고 되는 손쉬운 일이 아닙니다. 야차夜叉◆ 같은 마음을 가진 자에게만 가능한 일입니다.

만약 야차가 아닌 보통의 부모가 이러한 일을 의도적으로 하면 어떤 일이 일어날까요? 그 부모는 사실 아이를 애정으로 받쳐 주고 싶다는 욕구가 있는데도 '아이를 위해서'라고 믿고, 사랑에서 오는 욕구를 누르고 아이의 감각을 정면에서 계속 부정하며 '옳은' 감각을 훈련시키려고 할 것입니다.

야차가 아닌 부모는 그런 일을 하더라도 오래 하지 못합니다. 그래서 때때로 생각났을 때만 '강요'하게 되는데 이렇게 하면 아이는 오직 혼돈에 빠질 뿐이어서 '옳은' 감각을 외부에서 받아들여 정착시키지는 못합니다.

'훌륭한' 야차 부모는 이러한 '옳은' 의미의 강요를 마음 깊숙이 있는 충동에 맡겨 아이에게 강제할 수 있습니다. 아이의 마음을 부정하고 '있어야 할 모습'을 강요하는 데 쾌감을 느끼지 못하면 이런 일을 오래 지속할 수 없습니다. 아이의 감각을 부정하고 자기가 옳다고 여기는 감각을 철저하게 강요하는 것은 보통 사람에게는 불가능한 일입니다. '옳게' 미친 부모만 가능한 일입니다. 그렇게 해서 비로소 '옳게' 미친 인간이 형성되는 것입니다.

거기서부터 다음과 같은 명제를 이끌어 낼 수 있습니다.

명제 11 - 1

**'옳게' 미친 인간은 느끼는 것을
무서워하기 때문에 행복해질 수 없다.**

그리고 이 명제는 이렇게 발전합니다.

명제 11 - 2

**'옳게' 미친 인간은
행복의 위장공작에 전력을 다한다.**

이 세상에는 '행복의 위장공작'이야말로 '행복'이라는

캠페인이 늘 진행됩니다. 그런데 이 캠페인에 편승하는 것은 매우 위험하다는 사실을 알아야 합니다.

행복은 느끼는 것이므로 무엇인가를 손에 넣어도 거기서부터 기쁨을 직접 느낄 수 없으면 의미가 없습니다. 예를 들면 좋은 대학에 들어가도 거기에 있는 것에 행복을 느끼지 못하면 잘못된 것입니다. 사람들에게서 부러움을 사거나 칭찬받으면서 간접적인 느낌을 받더라도 그것은 행복의 위장공작에 지나지 않습니다.

키가 크고 학력이 높고 연봉이 많은 남성과 결혼해도 그 사람과 있는 자체로 기쁨을 느끼지 못한다면 의미가 없습니다. 미인이고 집안도 좋고 세련된 여성과 결혼해도 그 사람과 있는 자체만으로 기쁨을 느끼지 못한다면 의미가 없습니다. 이런 것은 위장결혼에 지나지 않습니다.

설령 대기업의 정사원이 되었다고 하더라도 그 일 자체로 기쁨을 느끼지 못한다면 의미가 없습니다. 그런 회사는 대체로 회사 자체가 위장으로 만들어졌을 가능성이 높습니다.

"장기적으로 생각해라"라든지 "장기적인 안목을 갖고 봐라"라고 말하며 참으라고 하는 것은 좋은 방법이 아닙니다. 인간의 감각에는 장기적인 시야가 이미 들어 있습니다. 대체로 '왠지 모르지만 싫은 느낌이 든다' 같은 경우에는 '나쁜 예감'이 포함되어 있습니다. 이럴 때 인간의 직감에는 대개 머리로 일일이 계산하는 '장기적 시야' 같은 것을 훨씬 넘어서는 깊은 계산이 들어 있습니다. 그러므로 나쁜 예감이 들면 설령 눈에 보이는 것이 단기적이든 장기적이든 오랫동안 동경한 것이라도 결코 가까이 가서는 안 됩니다.

몇 번이나 말하지만 행복은 느끼는 것입니다. 행복이라고 느끼면 행복이고 행복이라고 느끼지 않으면 행복이 아닙니다. 이러한 것을 대전제로 사고하지 않으면 큰일을 당하게 됩니다. '꿈'이란 행복에 이르게 하는 '단서'로서 의미가 있지 실현하는 자체에는 의미가 없습니다. 꿈은 제대로 꾸는 것으로 소임을 다하는 것입니다. 그렇게 되면 꿈이 당신을 행복으로 데려가 줍니다.

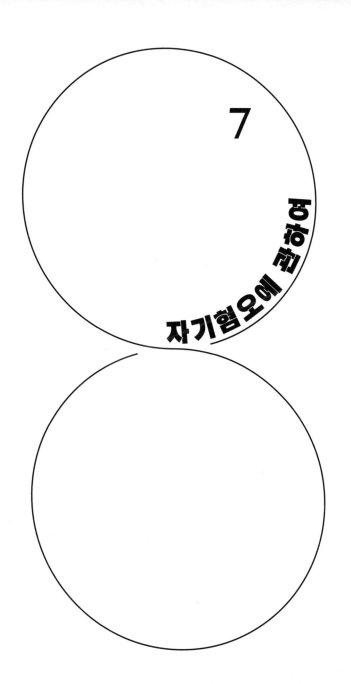

7

자기혐오에 관하여

'꿈'과 유사하지만 전혀 다른 것으로 '동경'憧憬이 있습니다. 이 둘을 혼동하면 인생은 나쁜 의미에서 복잡해집니다. 여기서는 후자의 문제를 살펴보려 합니다. 결론을 먼저 말하면 꿈은 자애自愛에서 나오고 동경은 자기혐오에서 나옵니다.

사람은 왜 무엇인가를 동경할까요? 사실 나는 어느 때부터 동경이라는 감정을 품지 않게 되었습니다. 그러다 보니 왜 동경이라는 감정을 품었는지 그게 어떤 감정이었는지 알 수 없게 되었습니다. 시험 삼아 『다이지센』大辞泉 사전을 찾아보니 다음과 같이 나옵니다.

동경 ① 이상적으로 여기는 사물과 인물에 마음이 강하게 끌리다. 몹시 그리워하다.
② 마음을 졸이다. 애태우다. 안절부절못하게 되다.
③ 있는 곳을 떠나 비트적비트적 방황하다. 떠돌아다니다.

아무래도 애당초 좋은 의미의 말은 아닌 듯합니다. 먼저 두 번째 뜻풀이와 세 번째 뜻풀이를 함께 놓고 보면, 혼이 원래 있어야 할 장소를 떠나 비트적비트적 방황하고 있으니까 안절부절못하게 되는 것이라고 해석할 수 있습니다.

첫 번째 뜻풀이 또한 혼이 있어야 할 장소를 떠나서 비트적비트적 방황하는 모습을 나타냅니다. 혼이 있어야 할 장소는 말할 필요도 없이 바로 나 자신입니다. 그곳을 떠난다는 말은 곧 자신이 싫어진다는 뜻입니다. 자신의 외부에 있는 명성이나 도시생활 같은, 있든지 없든지 아무 상관도 없는 것을 '이상'으로 설정해 두고 그것을 손에 넣지 못한 자신을 '안 되는 놈'이라고 질책합니다. 그렇게 되면 혼이 비트적비트적 방황해서 망연자실하고 맙니다. 이것이 '동경'의 의미입니다.

이런 경우 행복이 아니라 행복의 위장공작을 추구하게 됩니다. 그러므로 이렇게 말할 수 있습니다.

명제 11-3

'행복'을 손에 넣으려고 하면 혼이 동경하고 만다.

이렇게 되면 더 이상 아무것도 느낄 수 없게 되어 뭔가에 휘둘릴 뿐입니다. 그러면 왜 동경하게 될까요? 원인은 자기혐오에 있습니다. 자기를 싫어하기 때문에 자기 바깥에 있는 생각이나 말을 찾아서 혼이 비트적비트적 나가는 것이 동경입니다. 나는 자기혐오의 감정으로 계속 고민해 왔는데 이러한 감정에 어떠한 근거도 없다면 어떠한 의미도 없다고 생각하면서 동경이라는 감정을 갖지 않게 되었습니다. 뭔가를 강하게 동경하는 마음이 있다면 그것은 자기혐오의 표현 형태 중 하나에 지나지 않는다고 생각하면 됩니다.

동경은 당신 자신이 주위 사람들에게 조작당하기 쉬운 위험한 상태에 있음을 보여 주는 신호입니다.

명제 11-4

뭔가를 강하게 동경한다면
자기혐오에 속박되어 있다는 뜻이다.

이 명제를 명심하고 신중하게 행동해야 합니다. 동경을 실현하려고 폭주하면 반드시 좋지 않은 결과를 맞게 됩니다.

그렇다면 도대체 어떻게 하면 좋을까요? 자기혐오의 원인을 탐구하면 됩니다. 그렇기는 해도 쉬운 일은 아닙니다.

<hr />

명제 12

'나는 나쁜 아이다'라는
믿음을 강요당하는 것이 자기혐오다.

이 명제는 코지마-나카무라 원리에 필적하는 이 책의 '공리'公理입니다.

이러한 강요된 믿음(나는 나쁜 아이다)은 어린 시절에 생깁니다. 인간은 어린 시절의 경험으로 세계에 대한 태도를 결정하기 때문입니다. 이 시절에 자신의 감정이 받아들여진 경험이 적고 반대로 그 감정을 거절당하는 경험이 쌓이면 인간은 자신의 감정을 믿지 못하게 됩니다.

이렇게 되었을 때 아이는 '나는 나쁜 아이다'라고 생각합니다. 왜냐하면 느껴서는 안 되는 것을 느끼기 때문입니다. 예를 들면 부모가 서로 사랑하지 않는 가정에 당신이 태어났다고 합시다. 부모는 계속 서로 사랑하는 척하고 이혼하지 않습니다. 그런 집에서는 부모가 서로 사랑하지 않는다는 것이 최대의 비밀이 됩니다. 그것만큼은 누구도 자각해서는 안 됩니다.

그러나 아이는 그 비밀이 눈앞에서 일어나는 일이라, 좋든 싫든 부모 사이에 애정이 없다는 것을 느낍니다. 동시에 아이는 그 사실을 결코 자각해서도 입에 담아서도 안 되는 것을 느낍니다. 그 금기사항이 지금 존재하니까요.

그리하여 아이는 자신이 갖고 있는 이 감정이 결코 가져서는 안 되는 감정이라는 것도 느낍니다. 아이가 이런 상황에 대응하기 위해서는 그런 것을 느끼는 자신을 '나쁜 아이'라고 믿는 것 이외에는 없습니다. 혹여 자신이 느끼는 것을 입에 담으면 아이가 사는 세계인 가정이 붕괴되기 때문입니다. 아이는 그런 일을 할 수 없습니다. 그래서 아이는 부모의 무언의 요청에 대응해서, '부모는 서로 사랑 같은 것은 하지 않는다'는 엄연한 사실에 기초한 감정을 부정하고 '그런 것을 느끼는 나는 나쁜 아이다'라는 스토리를 만들어 자신의 감정을 봉인해 버립니다.

물론 여기서 든 것은 일례에 지나지 않습니다. 하지만 어떤 상황에서도 언급해서는 안 되는 금기사항이 있고 아이가 느끼는 어떤 것도 입에 담는 것이 허용되지 않는다면 똑같은 일이 일어납니다. 그렇게 되면 아이는 금기사항이 된 사실을 느끼는 '나는 나쁜 아이다'라는 스토리를 만들 수밖에 없습니다.

여기서 주의해야 할 것이 있습니다. '나는 나쁜 아이다'라는 감정이 아이 자신이 뭔가 잘못한 결과가 아닐까 의심하는 것입니다. 그런데 이 감정은 일단 사로잡히면 배경음악처럼 늘 울립니다. 부모의 기대에 부응해서 뭔가를 제대로 했을 때 칭찬받으면 그 순간만 이 배경음악이 들리지 않을 뿐입니다. 제대로 하지 못한 것이 '원인'이 되어 '나쁜 아이'라고 느끼는 것이 아닙니다.

이 '나쁜 아이' 스토리는 단순한 '이야기'로 끝나지 않습니다. 왜냐하면 이 스토리에 부응해서 아이는 자신의 세계에 대한 태도를 구축하기 때문입니다. 이 태도는 뇌의 시냅스의 결합으로 그 아이 자신이 일생 동안 짊어지게 됩니다. 이렇게 해서 자기혐오가 발생합니다. 그리고 그 사람이 자기 스스로 그것을 은폐해 온 사실에 눈길을 주지 않는 한 이 '자기혐오'라는 태도는 일생에 걸쳐 계속됩니다.

말할 필요도 없이 태어나면서부터 자기혐오에 빠지는 사람은 없습니다. 막 태어난 아기가 자기혐오에 빠지는 모습을 본 사람은 없을 것입니다. 자기혐오는 명백히 태어나고 나서 익힌 것입니다. 이런 감정을 자기 스스로 획득하는 것은 불가능합니다. 그러므로 이렇게 생각해야 합니다.

자기혐오는

타인(부모와 교사 등)에게서 강요당한 것이다.

자기혐오를 품고 있으면 자신의 감각을 믿지 못하게 됩니다. '나쁜 아이'가 기쁘다고 느끼는 것은 나쁜 일이기 때문입니다. 인간은 무엇을 하든 자신의 감각에 따라 몸을 움직일 수밖에 없습니다. 그 감각을 믿지 못하면 도대체 어떻게 몸 전체를 움직이면 좋을까요? 그런 상태에서 무리하게 몸을 움직여도 거북해질 뿐 제대로 움직여질 리 없습니다. 그러므로 다음과 같은 명제가 필요합니다.

자기혐오를 품고 있는 한 실패한다.

뭔가를 제대로 성취하고 싶으면 자신감이 필요합니다. 자신감을 갖기 위해서는 물론 연습과 준비가 필요합니다.

그러나 그 이상으로 자기혐오를 어떻게든 처리해야 합니다. 그렇지 않으면 '이것이다' 하는 상황에서 반드시 실수를 범하게 됩니다.

축구팀의 포워드인 당신이 월드컵에 출전했는데 경기 도중 결승골을 넣을 찬스가 찾아왔다고 합시다. 그때 당신이 자기혐오에 빠져 있다면 어떻게 될까요? 거기서 결승골을 넣으면 당신은 영웅이 됩니다. 그러면 당신은 '안 되는 녀석'이라는 자기상, 곧 자기혐오를 유지할 이유를 없앨 수 있습니다. 그 상황은 당신에게는 정말로 좋지만 당신을 지배하는 자기혐오에는 아주 불리합니다.

이 긴장된 순간에 '당신의 이해利害'와 '당신을 지배하는 자기혐오의 이해'가 대립합니다. 당신이 직면하는 상황이 결정적으로 중요하면 중요할수록 자기혐오는 활발하게 작동합니다. 아무런 상관이 없는 상황에서는 당신이 자기혐오를 누르고 제대로 행동할 수 있지만 중요도가 높아질수록 자기혐오가 우세해져, 당신의 인생을 결정할 수 있는 중요한 상황에서는 틀림없이 자기혐오가 승리하게 됩니다. 그래서 자기혐오를 품고 있는 한 실패하게 되는 것입니다.

'나는 나쁘지 않다'면서 자신을 타이르고
자기혐오를 억제하는 것은 역효과를 낸다.

이 명제를 기억해 두세요. 이 정도로 억제할 수 있다면 고생할 필요도 없습니다. 자기혐오라는 녀석은 매우 강해서 약간의 자기암시로는 통제할 수 없습니다. 자기암시를 걸어도 효과가 없는 상황이 일어나 그것 자체가 의기소침해지는 원인이 됩니다. 이렇게 해서 역효과를 내는 것입니다.

그러므로 자기혐오를 넘어서기 위한 첫걸음으로는 다음과 같은 방법밖에 없습니다.

명제 12 - 4

자신이 왜 자신을 싫어하는지
그 원인을 잘 생각하라.

물론 이 명제의 방법은 문제를 단번에 해결해 주지 못

합니다.

자기혐오라는 녀석은 맹점을 만들어 냅니다. 앞에서 말했듯이 자신의 감각을 부정하는 것이 자기혐오의 전제이기 때문에 어떤 감각을 작동하지 않도록 해 맹점을 만듭니다.

명제 12-5

자기혐오는 자기 감각을 부정하기 때문에
어떤 감각이 작동하지 않게 되고 맹점이 된다.

자기혐오의 원인은 반드시 맹점에 들어 있기 때문에 아무리 궁리해도 자신에게는 보이지 않습니다. 따라서 자기 혼자서 자기혐오의 원인을 찾는 것은 어려운 일입니다.

그럼에도 자기 스스로 찾는 것 외에는 방법이 없습니다. 밖으로 나가기 위해서는 용기가 필요합니다. 그 용기를 얻기 위해서도 그리고 맹점을 발견하기 위해서도 타인의 도움이 필요합니다. 그런데 주위에 있는 타인은 결코 도와주지 않습니다. 설령 상담사를 찾아가더라도 그들이 할 수 있는 것은 일반적인 조언뿐이어서 당신의 맹점에 직접 손을 대지는 않습니다. 그러므로 친구가 필요합니다.

명제 12 - 6

자기혐오의 원인을 찾기 위해서는

친구에게서 도움을 받아야 한다.

이 명제는 정말 중요합니다. 이러한 일에 도움이 되지 않는다면 그런 사람은 친구라고 할 수 없습니다. 중요하기 때문에 다시 한 번 반복해 두겠습니다.

명제 12 - 7

친구에게서 도움을 받을 수 있을 때

비로소 자기혐오를 극복할 수 있다.

이 명제를 잘 음미해 보면 제대로 된 친구만큼 소중한 것은 없다는 사실을 절실히 알 수 있습니다. 그런데 그렇게 해서 친구에게 도움을 빌더라도 자기혐오를 극복하는 것은 결코 쉽지 않습니다. 자기혐오의 극복이란 자기 인생의 역사, 인생의 기반 자체에 대한 물음이니까요. 인생에 대한 태도는 유소년기부터 적응해 온 생활환경과 밀접하게 관련되어 있고, 자기혐오 또한 태도이기 때문에 거기에서 빠져나오려는 시도는 필연적으로 자신의 주위에 형성된 생활환경을 변혁하는 것이 됩니다.

인간관계는 인간의 생활환경 속에서 가장 중요합니다. 특히 부모-자식은 인간관계의 주축입니다. 그러므로 자기혐오에서 빠져나오려면 부모-자식 관계가 반드시 바뀌어야 합니다. 당연한 말이지만 변화는 부모-자식뿐 아니라 형제, 연인, 부부, 친척 같은 범위도 포함됩니다. 그리고 학교와 직장 같은 더 공적인 인간관계에도 영향을 미칩니다.

당신의 자기혐오를 전제로 당신의 인간관계가 형성된 이상 이 문제에 착수하면 엄청난 일이 일어날 수밖에 없습니다. 당신이 믿고 있던 사람이 당신에게 격노해서 말도 안 되는 공격을 가할 수도 있습니다. 소중한 사람이 격노하거나 한탄하거나 슬퍼하는 모습을 보면 당신은 두려움에 떨게 되겠지요. 어쩔 수 없는 일입니다.

다만 이 일은 그들이 애당초 신용할 만한 사람이 아니었다는 잔혹한 사실을 가리킵니다. 당신이 자기혐오를 넘어서려는 모습을 보고 방해하는 사람은 당신을 이용했던 것에 지나지 않습니다. 그들이 당신을 조작하기 위해서는 당신의 자기혐오가 꼭 필요하기 때문입니다.

명제 12 - 8

당신을 조작하고 이용하는 사람은
당신의 자기혐오를 이용한다.

그렇다면 그들은 어떻게 당신을 조작할까요? 그들은 기본적으로 당신의 자기혐오를 자극해서 '그 사람이 기분이 나쁜 것은 내가 나쁘기 때문이다'라고 생각하게 만듭니다.

당신의 자기혐오를 이용하는 사람을 판별하기 위해 다음과 같은 명제를 기억해야 합니다.

명제 12 - 9

당신이 자기혐오를 극복하려고 할 때
격노해서 방해하는 사람은 당신을 이용하는 사람이다.

만약 당신이 한 걸음 내디디려고 했을 때 두려운 상황에 맞닥뜨리면 그것은 '실패'가 아니라 '성공'입니다. 당신이 한 걸음 내디디려는 것을 보고 이런 유형의 사람이 격노

한다는 것은 당신이 옳은 길을 걷기 시작했다는 증거이기 때문입니다. 그러므로 두려움에 떨면 모든 것이 수포로 돌아갑니다. 용기를 갖고 한 걸음 내디뎌 보세요.

자기혐오를 극복하는 길에 한 걸음 내딛기가 이처럼 두려운 것은 자신이 신뢰하는 사람이 자신을 이용하는 사람에 지나지 않았다는 사실을 직면하기가 두렵기 때문입니다. 살기 위해서는 그 용기가 반드시 필요합니다.

명제 12 - 10

자기혐오를 극복하기 위해서는
친구와 함께 용기가 필요하다.

만약 당신이 용기도 있고 친구도 있어서 자기혐오를 극복하는 길을 한 걸음 내디뎠다고 합시다. 그 순간 당신은 자기혐오에서 빠져나오게 됩니다. 자기혐오는 '태도'이므로 그 태도에서 빠져나오려고 하면 결국 더 이상 그런 태도를 취하지 않는다는 뜻이기 때문입니다. 따라서 발걸음을 내딛는 순간에 싸움은 끝입니다.

자기혐오는 태도다.

그리고 다음과 같이 발전합니다.

그 태도를 고치면 자기혐오는
흔적도 없이 산산이 흩어져 사라진다.

막상 극복하면 자신이 바보 같다고 느끼는 일인데 극복하기 위한 한 걸음을 내딛기까지는 정말 보통 일이 아닙니다. 용기를 갖고 이 공포를 극복해서 첫 걸음을 내딛는 순간 당신은 다른 세계의 주민이 됩니다. 그곳은 '성장'의 세계입니다.

자기혐오를 극복하고 자신을 사랑하면 성장한다.

이 세계는 인간이 자기 자신을 사랑하고 그 사랑의 힘으로 맹점을 계속 극복하며 살아가는 곳입니다. 거기에는 친구밖에 없습니다. 친구가 아닌 사람은 모두 예전에 당신이 살았던 '자기혐오 세계'의 주민이기 때문입니다. 친구밖에 없으므로 공포도 불안도 없습니다. 당신은 천천히 제대로 시간을 새기고, 때가 오면 이 세상에서 사라질 뿐입니다.

자기혐오 세계는 실로 무서운 곳입니다. 그 세계가 이 세상을 덮고 있다는 것이 모든 문제의 원인이라고 나는 생각합니다.

명제 13의 보조명제

자기혐오야말로
파괴와 파멸과 실패와 불안과 공포의 원인이다.

자기혐오에 휘둘리는 한 그것을 달래든 뒤집든 아무리 어떻게 해 본들 변변치 않은 결과밖에 나오지 않습니다. 자기혐오에 휘둘리는 사람은 자신의 '평가'를 높이는 데 혈안이 됩니다. '이상적인 자기상'을 설정하고 거기에 '동경'을 실현하기 위해 필사적으로 노력합니다. 그렇게 해서 정말 싫어하는 자기 자신이 아니라 정말 좋아하는 자기 자신의 허상을 만들어 내려고 합니다. 그것에 성공했다고 생각한 사람은 겉으로 그렇게 보이려고 무엇이든지 하게 됩니다. 그러면 다음과 같은 결과가 나옵니다.

명제 13 - 1

겉으로 보이는 자신을 위해 무엇이든지 하는 자는
이기주의자 혹은 이타주의자가 된다.

　　앞에서 말했듯이 이기주의자가 되는지 이타주의자가 되는지는 상황에 따릅니다. 세상의 평판과 물질적 이익 중 어느 쪽을 중시하느냐 하는 정도의 차이뿐입니다.

이기주의자는

겉으로 보이는 자신의 물질적 이익을 획득하느라 바빠

세간의 평판을 돌아보지 않는 사람이다.

이타주의자는

겉으로 보이는 자신의 세간의 평판을 획득하느라 바빠

물질적 이익을 돌아보지 않는 사람이다.

순수한 이기주의자도 순수한 이타주의자도 모두 매우 효율적이지 못하기 때문에 현실에는 존재하지 않습니다. 실재하는 것은 양자가 적당히 섞인 사람입니다. 그러나 변변치 못한 자와 변변치 못한 자의 결합은 역시 변변치 못한 자입니다.

'너무 좋아하는, 남에게 보이기 위한 자신'을 날조하는 데 실패했다고 생각하는 사람은 변변치 않게 됩니다. 왜 그럴까요? '너무 좋아하는, 남에게 보이기 위한 자신'을 어떻게 해도 잘 만들 수 없으므로 자신이 완전히 싫어지기 때문입니다. 그 결과 모든 노력을 방기한 채 타인을 욕하고 자신을 변명할 뿐 아무것도 하지 않습니다.

<hr>

명제 13-4

변변치 못한 자는
남에게 보이기 위한 자신의 세간의 평판을 획득하는 데도
물질적 이익을 획득하는 데도 실패한 사람이다.

순전히 변변치 못한 자 또한 살아갈 수 없기 때문에 실재하지 않습니다. 실재하는 것은 이기주의자와 이타주의자와 변변치 못한 자가 섞인 사람입니다. 그러나 변변치 못한 자는 이기주의자와 이타주의자와 달리 위장을 하지 않습니다. 자기혐오에 휘둘리는 자기 자신에게 그대로 휘둘리기 때문에 해악은 적습니다.

변변치 못한 자의 문제는 스스로 살아가기 위한 자원을 조달하는 일조차 게을리하기 때문에 그들을 동정하면 일방적으로 자원을 가져가 버립니다. 그러나 그들은 살아남기 위한 최소한의 것만 가져가므로 이기주의자와 이타주의자에 비하면 악영향은 적은 편입니다.

　다마 변변치 못한 자 중에는 자신이 변변치 않다는 사실조차 받아들이지 못하는 중증의 사람이 있습니다. 그런 사람은 스스로 아무런 노력도 하지 않으면서 세간의 높은 평판과 물질적 이익을 누리는 것이 당연하다고 생각합니다. 이런 사람은 최악 중의 최악이라고 할 수 있습니다. 이런 사람을 '잘난 체하는 사람'이라고 부르겠습니다.

명제 13 - 5

잘난 체하는 사람은
자신의 변변치 않음을 받아들일 수 없는
변변치 못한 자다.

　물론 순전히 잘난 체하는 자는 실재하지 않습니다. 실재하는 것은 이기주의자와 이타주의자와 변변치 못한 자와 잘난 체하는 자의 혼합입니다.

　개인의 취향으로 말하면 이 중에서 이기주의자가 그래도 제일 낫습니다. 왜냐하면 그들은 이익만 제공하면 말을 듣기 때문입니다. 그다음은 변변치 못한 자입니다. 그들은 방치해 두면 나쁜 일을 하지 않습니다. 이타주의자는 꽤 다루기가 힘들어서 어떻게 상대해야 좋을지 잘 모르겠습니다. 그들은 "나의 이익을 위해서 하는 것이 아니다"라고 말하며 별로 의미 없는 일에 분주하고 주위 사람에게 희생을 강요합니다. 거기서 발생하는 세간의 평판과 영예는 이타주의자가 독점합니다. 잘난 체하는 자는 최악이라서 나는 이런 사람을 능력 있는 사람이라고 잘못 보고 몇 번이나 호되게 당한 적이 있습니다. 이런 사람은 이래저래 타인을 능숙하게 욕하고 마치 자신은 그런 일을 하지 않는 것처럼 위장합니다. 사실은 그 사람이야말로 그런 행위를 몰래 하고 있지요. 그리고 그냥 내버려 두면 도리어 이런저런 원한을 품고 신세를 지고 있는 사람을 욕하고 돌아다니면서 사람을 배반합니다.

엘리트 중에는 무섭도록 잘난 체하는 자가 많아서 '엘리트 세계'는 정말로 살기 힘든 곳입니다.

8

성장에 관하여

지금까지 여러 곳에서 '성장'이라는 말을 사용했습니다. 그러나 성장이 무엇인지는 논의하지 않았습니다. 여기서는 이 문제를 생각해 보겠습니다.

먼저 성장을 정의하면 이렇습니다.

명제 14

성장은 사는 힘을 키워 준다.

간단한 명제입니다. 당연한 말입니다.

아기를 한번 보지요. 아기는 매일매일 성장합니다. 처음에는 우는 것밖에 할 줄 모르더니 뒤집기를 하고 엄마라고 부르고 배고픔을 호소하고 엉금엉금 기고 일어서고 말을 배우고 걷기 시작합니다.

이 과정을 지켜보면 아기의 성장은 아기가 사는 힘을 키워 준다는 것을 알 수 있습니다. 아기는 태어나서 방치하면 곧 죽고 말지만 1년만 지나도 스스로 먹을 것을 찾기 시작합니다. 어른이 되어서 신체의 성장이 멈춰도 지식과 판단력의 성장은 가능합니다. 경험과 독서와 토론으로 세계의 양상을 이해하면 자신에게 닥쳐오는 사태에 대처하는 능력이 높아집니다. 이것이 성장입니다.

설령 신체와 지능이 성장하지 않더라도 계속해서 성장하는 것은 가능합니다. 의지할 수 있는 '친구'를 만들면 됩니다. 어려움에 직면했을 때 도움을 줄 친구가 한 명 늘어나면 사는 힘도 커집니다. 친구 수가 늘어나지 않더라도 친구와의 관계를 밀접하게 만들면 똑같은 효과가 있습니다. 그뿐 아니라 친구 중 서로 모르는 두 명을 친구로 연결해 주면 당신 자신을 중심으로 하는 두 변이 삼각형을 이루어 그 새로운 연대가 간접적으로 자신의 사는 힘을 키워 줍니다.

나이를 먹어 신체도 정신도 약해졌다고 해도 당신이 만약 자신의 아이와 깊은 관계를 만들어 친구가 된다면 아이가 친구를 만들고 아이가 아이를 낳음으로써 자신을 지원해 주는 네트워크가 자동으로 강화됩니다. 이 또한 사는 힘을 키워 주는 것이기 때문에 성장에 해당합니다.

이렇게 해서 사는 힘이 커지면 우리는 어떻게 느낄까

요? 아마도 다음과 같이 말할 수 있을 것입니다.

<hr>

명제 14 - 1

사람은 성장하면 안심한다.

왜 안심할까요? 어제보다 오늘 사는 힘이 커졌음을 실감하면 안심할 겁니다. 반대로 말할 수도 있습니다.

<hr>

명제 14 - 2

사람은 쇠퇴하면 불안해진다.

성장을 목표로 매일 조금씩이라도 계속 성장하는 사람은 마음이 편안합니다. 한편 매일 조금씩이라도 계속 쇠퇴하는 사람은 불안해집니다. 불안에 빠진 사람은 결코 행복해질 수 없습니다. 그러므로 성장이야말로 행복을 위한 필요조건이라고 할 수 있습니다.

성장하기 위해서는 어떻게 하면 좋을까요? 실은 이것

이 가장 어려운 점이기도 합니다. 성장하려면 노력이 필요합니다. 그러나 노력한다고 무조건 성장하는 것은 아닙니다. 의미 있는 노력을 해야 합니다. 의미 있는 노력이란 그 결과로 성장할 수 있는 노력입니다. 동어반복이지요.

그러나 이 동어반복은 필연적인 동어반복입니다. 한 사람 한 사람이 각각 의미를 찾아낼 수밖에 없습니다. 스스로 해 보면 의미가 있는지 없는지 느낄 수 있을 것입니다. 그래서 이렇게 말할 수 있습니다.

명제 14-3

자신이 하는 노력이 의미가 있는지 없는지
느끼는 것이 중요하다.

여기서 문제는 의미를 느끼지 못하는 것입니다. 종종 인간은 자기혐오에 빠지고 휘둘려서, 자신이 하는 것에 의미를 느끼지 못하면 기뻐하고 의미를 느끼면 겁에 질립니다. 이렇게 되면 결코 성장할 수 없습니다. 쓸데없는 노력을 쌓아서 필요 없는 것을 손에 넣고 기쁜 척하지만 실제로는 완전히 침울해져서 절망만 합니다.

문제는 자신이 하는 노력이 의미가 있는지 없는지
느끼지 못한다는 것이다.

그러면 어떻게 하면 느낄 수 있을까요? 사실 이 문제는 난제 중의 난제라 나도 무엇이 옳은지 잘 모르겠습니다. 그런데 반대로 '이건 소용없다'라고 말할 수 있는 것이 한 가지 있습니다.

느낌을 되살리려 노력해도 소용없다.

이것을 '자력'自力이라고 말합니다. 느낌이 움직이지 않으면 무엇을 느끼지 못하는지 몰라, '느낄 수 있게 된다'라는 목표 자체의 의미를 느낄 수 없기 때문입니다. 목표를 모르는데도 노력하면 어떻게 될까요? 해도 해도 성과가 없는 탓에 의기소침해질 뿐입니다. 너무나 무서운 자기혐오의 길입니다.

그렇다면 느낌을 되살리는 일도 쓸데없을까요? 그렇지는 않습니다. 되살리고 싶다고 바라는 것은 중요합니다. 왜냐하면 '앗, 갑자기 느낀 적이 없는 뭔가가 느껴져' 같은 식으로 '느낌과 만나는' 경우가 있습니다. '되살리고 싶다'고 바라지 않으면 이 우연한 만남을 자각하지 못하고 지나쳐 버릴 수 있습니다.

이런 일은 뭔가를 익힐 때 반드시 일어납니다. 외국어를 배우는 경우를 생각해 보세요. 외국에 살고 있어도 그 나라의 말에 관심을 기울이지 않으면 몇 년을 살아도 말을 배우지 못합니다. 모국어를 익히는 동안 말의 구조를 해석하던 암묵적인 힘이 일단 닫힌 상태이기 때문입니다. 이 회로(언어 감각)를 되살리는 것이 외국어 학습의 포인트입니다.

그러려면 어떤 말을 익히고 싶다고 몸으로 바라는 것이 필요합니다. 그렇게 바라고 외국어에 친숙해지면 어느 순간 문득 해당 외국어가 들리게 됩니다.

명제 14-6

느낌을 되살리고 싶다고 바라는 것은 중요하다.

이것은 꿈과 똑같은 구조입니다. 자기 자신은 느낌을 되살리는 것이 불가능하다고 계속 자각하고 바라는 것을 '타력'他力이라고 합니다. 이 경우 무엇에 바랄까요? 자기 자신과 그 주변에서 움직이는, 이 세계를 만들어 내는 '흐름' 같은 것에 바라는 것입니다.

말을 바꾸면 이렇습니다.

명제 15

성장은 바람으로써 실현된다.

저자 후기
좀 더 깊이 읽기 위하여

지금까지 내가 설명해야 할 것은 대부분 설명했습니다. 물론 코지마 나오코 씨와 나카무라 히사시 씨의 '자립은 의존하는 것이다'라는 위대한 발견의 의미를 완전히 길어 올리지는 못했습니다. 아니 아직 그 첫걸음을 내디딘 데 지나지 않다고 말하는 편이 더 정확할 겁니다.

나는 이 '입에서 나오는 똥의 원리'에서 모든 철학과 사회과학이 재구성되어야 한다고 생각합니다. 이 책은 현시점에서 그것을 위한 내 생각의 단서를 정리한 것에 지나지 않습니다.

일단 나 자신은 이 정도로 충분하지 않을까 합니다. 이러한 관점으로 여러 문제를 생각해 보면 실로 명쾌하게 이해할 수 있는 것이 많아지기 때문입니다. 그뿐 아니라 이해한 것 중에서 어려운 부분이 있으면 그것을 해결할 방법이 보이는 경우도 많습니다.

그러므로 지금까지 이 책을 읽어 주신 여러분에게 이런

사고방식이 과연 쓸 만한지 어떤지 꼭 스스로 판단해 주기를 바랍니다. 동시에 여기서 내가 말한 내용이 과연 일관성이 있는지 없는지도 검토를 부탁하고 싶습니다. 가능하면 그 성과를 나에게 가르쳐 주길 부탁합니다.

마지막으로 이 책에서 논의한 내용과 관련된 책을 몇 권 소개하겠습니다. 코지마 씨의 책과 나카무라 씨의 책, 슈베르머 씨의 책은 본문에서 상세하게 소개했으므로 여기서는 다루지 않겠습니다.

먼저 『단단한 삶』과 관련해 내가 지금까지 쓴 책을 소개합니다. 괜찮다면 일독해 주시길 바랍니다.

『원자력발전 위기와 도쿄대학 화법』
『지금을 사는 신란親鸞』
『경제학의 출항』
『사는 힘을 길러 주는 경제학』
『복잡성을 살다』

『단단한 삶』을 읽은 독자라면 모두 도움이 될 거라고 생각합니다.

한편 『단단한 삶』과 아주 깊은 관계가 있는 책이 『논어』입니다. 『논어』에 관해서는 많은 해설서가 나와 있는데 내 생각에 그러한 해석은 기본적으로 틀렸습니다. 왜냐하면 코지마-나카무라 원리의 관점에서 읽지 않았기 때문입니다. 나는 이 관점으로 『논어』를 철저하게 고쳐 읽어야 한다고 보고 연구 중입니다.◆ 여러분도 꼭 『논어』를 고쳐 읽어 보기 바랍니다.

다음으로 모한다스 카람찬드 간디의 저작이 필요합니다. '누구야 그 사람?' 하고 궁금해할 수도 있는데 인도 독립의 아버지 마하트마 간디라고 하면 알겠지요.

『진정한 독립의 길』◆◆
『나의 비폭력』

간디가 쓴 이 책들을 읽으면 그의 '사탸그라하(진리 추구)'Satyagraha 사상이 얼마나 과격하고 강렬한지 알 수 있습니다. 그의 사상과 실천이야말로 인류의 미래를 비춰 준다고 말해도 좋습니다.

본문에서도 다룬 앨리스 밀러의 저작으로 다음 책을 소개합니다.

『재능 있는 아이의 드라마』

◆ 이 과정에서 나온 출간물 가운데 『위험한 논어』(고운기 옮김, 현암사, 2014)가 한국에도 출간되어 있다.(옮긴이)
◆◆ 이 책은 한국에 『힌두 스와라지』라는 제목으로 여러 출판사에서 출간되었다.(옮긴이)

또한 그의 사상을 집대성한 다음 책이 아주 중요합니다.

『어둠으로부터 눈뜨기』◆

그리고 충격적인 강도로 말하면 다음 책이 강렬합니다.

『혼의 살인』

앨리스 밀러처럼 어린 시절의 받아들여지지 못한 경험과 폭력의 관계를 논한 심리학자 아르노 그루엔Arno Gruen의 저작도 중요합니다. 그중에서 가장 구하기 쉽고 읽기 쉬운 것은 다음 책입니다.

『사람은 왜 미움을 품게 되는가』

그리고 밀러와 아르노에게 큰 영향을 끼친 심리학자 에리히 프롬에게서 나도 많은 것을 배우고 있습니다. 프롬의 다음 책은 필독서입니다.

『사랑한다는 것』◆◆

◆ 이 책은 한국에 『사랑의 매는 없다』(신홍민 옮김, 양철북, 2005)
라는 제목으로 출간되었다.(옮긴이)
◆◆ 이 책은 한국에 『사랑의 기술』이라는 제목으로 여러 출판사
에서 출간되었다.(옮긴이)

『악에 관하여』

이 책의 제목(일본어 원제: 사는 기술)은 『사랑한다는 것』의 원제목인 '사랑의 기술'The Art of Loving을 참조했습니다. '사는 기술'을 영역하면 아마도 'The Art of Living'이 될 겁니다.

프롬에게 큰 영향을 준 위대한 철학자 중 17세기 네덜란드 철학자 스피노자가 있습니다. 스피노자의 사상도 굉장합니다. 단 그의 책은 모두 어렵기 때문에 읽기가 쉽지 않습니다. 그렇지만 꼭 읽어 보기 바랍니다. 스피노자의 대표 저작은 다음 책입니다.

『에티카』

이 책은 강렬하고 어렵기로 유명합니다. 하지만 알려고 생각하지 말고 읽어 보면 아주 재미있는 이야기가 많이 나옵니다. 꽤 즐길 수 있을 겁니다. 『단단한 삶』의 '명제'와 그 '해설'이라는 형식은 사실 이 책에서 영향을 받았습니다.

『단단한 삶』의 마지막에 나오는 '타력'他力 이야기는 두 말할 필요 없이 일본 중세의 불교인 신란親鸞의 사상에서 배운 것입니다. 내 생각으로는 그야말로 '사는 기술'에 관하여 인류 중에 가장 깊이 사색한 사상가입니다.

불교의 가르침의 근간은 '인연'이라는 개념인데, 인연 개념에서는 여기에 무엇인가가 '있다'면 거기에 어떤 '실체'가 독립불변으로 존재하는 것이 아니라 세계를 구축하는 인과관계의 복잡한 그물망 안에서 '성립하는 것'과 다름없습니다.

코지마-나카무라 원리는 이 인연사상으로 본다면 아주 자연스러운 발상입니다. 일본에서 이 원리가 발견된 이유 역시 불교의 영향을 빼고는 생각할 수 없습니다.

그중에서도 신란이라는 사상가는 그 인과인연因果因緣의 움직임 전체를 '아미타여래의 움직임'으로 보고, 그 '본원' 本願을 믿고 스스로를 거기에 맡기는 길이야말로 인간이 성장하기 위한 유일한 길이라고 본 듯합니다.

이 타력 사상을 만나지 못했다면 이 책은 완결하지 못했을 겁니다. 신란의 저작은 모두 일반인에게는 어려우니 그 가르침을 알기 쉽게 전하려고 제자가 쓴 다음 책을 꼭 읽어 보기 바랍니다.

『탄이초』歎異抄◆

이 책은 해설서를 포함하면 수십 종류가 나와 있으니

◆이 책은 한국에 『탄이초』(오영은 옮김, 지만지, 2012)라는 같은 제목으로 출간되었다.(옮긴이)

그중 마음에 드는 것을 읽어 보세요.

『단단한 삶』에서 논의한 사상을 좀더 알기 쉽게 좀더 매력적으로 표현한 사람이 있습니다. 가수인 마이클 잭슨입니다. 그의 모든 작품에는 깊은 사상이 침전되어 있습니다. 나는 그의 사상을 해설하는 글을 블로그에 쓰고 그 글을 기초로 해서 책을 준비하고 있는데(『마이클 잭슨의 사상』) 귀찮게 그 글을 읽지 않더라도 그의 음악을 듣고 뮤직비디오를 보면 그의 사상이 전해져 올 것입니다.

허심탄회하게 그의 예술을 마음껏 즐겨 보세요. 그 깊은 사상이 말이라는 벽을 뚫고 나와 영혼 깊숙이 스며들 것입니다.

역자 후기
'나'의 전문가와 조우하다

　야스토미 아유무 교수의 연구 분야를 위키피디아는 '경제학', '금융론', '사회생태학'이라고 설명해 놓았다. 물론 그가 교토대학 경제학 학사, 석사, 박사를 거쳐 지금까지 경제학 관련 논문과 금융위기 문제 그리고 나아가 현재 일본 사회가 안고 있는 여러 치명적인 사회적 병리를 해독하는 저작을 남긴 것을 감안하면 이런 위키피디아의 설명은 일견 타당해 보인다.

　그러나 나는 그의 연구 분야를 이렇게 특정한 분야에 한정해 소개하는 것에 위화감을 갖고 있다. 비록 짧은 기간이긴 하지만 이 책의 번역을 비롯해서 그동안 그의 저작을 열 권 정도 읽었고 최근에 직접 만나서 이야기를 나눠 본 나로서는 그의 정체성을 특정한 분야의 '연구자'로 간단히 결정짓고 정리해 버리고 싶지 않기 때문이다.

　나의 이런 생각을 독자와 공유하기 위해서 야스토미 교수가 그동안 집필한 책의 목록을 잠시 살펴보자.

『마이클 잭슨의 사상』

『누가 어린 왕자를 죽였는가?』

『노자의 가르침』

『당신이 살기 힘든 것은 자기혐오 때문이다』

『원자력발전 위기와 도쿄대학 화법』

『합리적인 신비주의』

『있는 그대로의 나』

『복잡성을 살다』

책의 제목만 봐서는 도무지 그가 어떤 분야의 전문가인지 알아차리기 쉽지 않다. 아니 실제로 책 내용을 읽어 봐도 우리가 갖고 있는 세련되고 정밀한(?) 범주화 기술로는 그를 어떤 세분화된 분야의 전문가로 특정하는 것이 불가능에 가깝다.

이런 나의 어정쩡한 설명에 침묵하는 사람들은 별도로 하더라도, 이렇게 설명했는데도 그가 어떤 연구 분야의 전문가인지 꼭 알려 주면 좋겠다고 재차 묻는다면 내가 꺼내 놓을 수 있는 카드는 하나밖에 없다. 야스토미 교수로 잠시 빙의해서 말해 보면 "나는 '어떤 특정 분야에 국한된 전문가'가 되려고 생각한 적은 한 번도 없고, 언제나 '내가 흥미를 갖고 있는 것의 전문 연구가'로 살아왔습니다. 요컨대 나는 '나의 전문가'입니다."

그렇다. 그는 왜 '이런 식'으로 자신이 잘못을 범하고, 무지하고 괴로워하고 좌절하고 끝내는 자살 직전까지 가고 말았는지 그리고 그러한 무지와 괴로움과 절망의 구렁텅이에서 빠져나오기 위해 '어떤 식'으로 반성하고 새로운 아이디어를 착상하고 추론하고 실천했는지, 그 긴 여정을 보편적인 화법으로 세상 사람에게 전하는 일을 주업으로 하는 '나의 전문가'다.

이것이 내가 그를 설명하는 데 마지막으로 꺼내 놓을 수 있는 일종의 히든카드다.

그러고 보면 이 세상의 전문가에는 압도적인 대다수를 점하고 있는 '나와는 별도의 것에 관한 전문가'와 개체 식별 가능한 '나의 전문가' 두 종류가 있다. 그리고 나 자신이 지금까지 읽고 깊은 영향을 받은 저작은 모두(예컨대 멀리는 프로이트부터 가까이는 우치다 타츠루와 김영민까지) '나의 전문가'가 쓴 책이다. 그리고 나 또한 '나의 전문가'를 목표로 연구를 계속하고 있다. '나의 전문가'는 지성을 측정할 때 그 사람의 '진지함', '정보량', '현장 경험' 같은 것을 굳이 따지지 않는다. 그보다는 그 사람이 자신이 알고 있는 것을 어느 정도 의심하는지, 자신이 본 것을 어느 정도 믿지 않는지 그리고 자신의 선의에 묻어 들어온 욕망을 어느 정도 의식화할 수 있는지를 기준으로 판단한다. 그 기준에 비추어 볼 때 야스토미 교수는 단연코 '나의 전문가'다.

이 책 내용 중에는 '나의 전문가'답게 야스토미 교수의 개인적인 경험이 빈번히 등장한다. 그러나 그는 개인적인 경험을 그대로만 표현하지 않는다. 이는 대문호 괴테의 글쓰기와 공명한다. 괴테는 "경험하지 않은 것을 쓴 적도 없지만 경험한 대로 쓴 적도 없다"라고 말한다. 이와 마찬가지로 야스토미 교수는 자신의 개인적 경험을 현대인이 안고 있는 '보편적인 문제'로 심화하여 표현한다. 그런 면에서 그의 메시지는 한국 독자의 귀에도 충분히 닿을 거라고 생각한다.

오해해서는 곤란하니 서둘러 첨언하면, 야스토미 교수의 메시지가 한국 독자의 귀에 닿기를 바란다고 해서 그의 메시지가 그 누구의 반론도 예상되지 않는다는 것은 결코 아니다. 그런데 그 누구의 반론도 예상되지 않는 메시지란 실은 누구에게도 향하지 않는 메시지다. 이처럼 '100퍼센트 옳은 메시지'는 종종 '어디에도 청자가 없는 메시지'다. 그리하여 나는 "강아지도 이해할 수 있도록 글을 쓰라"는 말에 결코 동의할 수 없다. 그래서 나는 '메시지를 발신한다'는 행위에서 최우선으로 배려해야 하는 것은 그 메시지가 '옳은 것'에 있는 것이 아니라 '청자에게 닿는 것'이라고 생각한다. '옳은 의견이면 반드시 무조건 청자의 귀에 닿는다'라는 언명을 나는 믿지 않는다. 반대로 어떤 의견이 청자의 귀에 닿았을 때 그 의견에는 '어느 정도의 옳음'이 포함되어 있다는 것에 관해서는 믿는다. 야스토미 교수의 말은 전략적으로 후자를 지향한다. "누구든지 읽어 주세요"라고 말하는 메시지는 '기치를 내걸지 않는' 메시지다. 반대로 기치를 내건다는 것은 이 깃발에 호응하는 사람만 와달라는 의미다. 그것을 위해 깃발을 내걸고 있기 때문이다. 깃발을 세우면 그것을 본 순간 '아, 이 글을 읽고 싶어졌다'라고 생각하는 사람이 나온다. 그것으로 된 것이다. '선택받지 못하는 리스크'를 감수해야만 자신이 무엇을 배우고 싶은지 모르는 사람에게 강한 메시지를 보낼 수 있다. '선택받지 못하는 리스크를 감수하는 것'과 '자신이 무엇을 읽으면 좋을지 모르는' 독자를 향한 메시지 힘의 강도는 완전히 트레이드오프 관계다. 리스크를 감수하지 않으면 메시지는 힘을 발휘하지 못한다.

'나의 전문가'의 글은 '임상 인문학'이다. 그런 면에서 야스토미 교수의 인문학은 단언컨대 '임상 인문학'이다. 내가 이 말을 사용하는 것에는 고유한 함의가 있다. 그 첫 번째는 임상 의사가 그런 것처럼 '사용할 수 있는 것은 모두 사용한다'라는 소재에 관한 개방성이다. 글을 쓸 때 사용하는 소재에 관한 개방성은 자신의 경험뿐 아니라 예컨대 세계적인 엔터테이너 마이클 잭슨을 연구 주제로 삼는 데서도 그대로 드러난다. 그리고 이러한 소재에 관한 개방성은 자신의 편견을 자각하고 그것을 해독하고 그것에서 벗어나는 것으로도 연결된다.

『마이클 잭슨의 사상』의 저자 후기에서 야스토미 교수는 "내가 마이클을 만나기 위해서는 먼저 나 자신이 갖고 있는 각종 편견과 제대로 만나야 했다. 아카데믹한 것은 훌륭하고 거기서 벗어나면 가치가 떨어진다는, 지식인이 일반적으로 갖고 있는 편견을 강하게 갖고 있었다"라고 말하고 자신의 연구 소재의 빈곤을 반성적으로 돌아본다.

또 한 가지는 '인문학자는 원래 병든 사람, 상처 입은 사람과 함께하는 직업'이라는 정체성의 선택이다. 야스토미 교수에게 인문학은 '그런 것'이다. 야스토미 교수는 연구실에 틀어박혀서 시약과 측정기구를 조작하는 것이 아니라 실제로 고통받고 힘들어하는 사람들 옆에 있다. 왜냐하면 자신이 그렇게 고통받고 힘든 삶을 보냈기 때문이다. 그런 식으로 자신의 정체성을 구축하는 인문학자는 매우 드물다. 나는 그의 이 '대담함'에 깊은 경의를 표한다. 이런 말을 하는 사람은 극히 드물지만 담력 또한 인문학자에게는 필수의 자질이다. 그의 욕망, 그의 위화감, 그의 아픔, 그의 고통, 그의 고양감, 그의 몸이다. 그래서 예컨대 『논어』에 나오는 이야기도 에리히 프롬 책에 나오는 난해한 개념도, 나아가 신란이라는 정토진종 창시자의 설법도 야스토미 교수는 반드시 한 번은 자신의 몸을 통과시킨다. 그중에서 깊이 납득한 '언어'만을 주섬주섬 자신의 어휘 꾸러미에 등록한다. 이 책에 등장하는 말에는 야스토미 교수의 손때가 묻어 있다. 그 덕분에 그가 사용하면 어떤 무색무취의 철학 용어도 독특한 온기와 색채를 띠게 된다. 난해하고 각진 철학적 아이디어를 '병든 사람 그리고 상처받은 사람'도 읽을 수 있고 약효가 있도록 만드는 것은 신과 인간 사이를 가교하는 헤르메스처럼 난해한 철학자와 우리 같은 일상인을 연결해 주는 한국에는 거의 없는 야스토미 같은 독특한 인문학자의 역할이다.

야스토미 교수가 '잘 사는 방법'을 알기 위해 설정한 8개 키워드는 각각 독립된 장으로 구성되어 있다. 그런데 이 8개 키워드를 조감하는 시점으로 보면 야스토미 교수의 사랑, 친구, 자기애, 성장, 잘 사는 방법 같은 '삶'에 대해서 하나도 놓치지 않고 집요하게 따라잡으려는 앎으로써의 학문의 역할을 전하고 싶어 하는 메시지가 계속 반복된다.

그러나 반복이 많다고 해서 무조건 부정적인 의미로 받아들일 필요는 전혀 없다. 새로운 아이디어가 솟아날 때는 반드시 '반복'이 있기 마련이다. 야스토미 교수가 잘 사는 방법을 설파하는 방식은 미묘하게 음조가 다른 반복이 몇 번인가 계속되고 나서 겨우 이야기의 '심도'가 눈금 한 칸 정도만큼 깊어지는 느낌이다.

혹은 이런 비유는 어떨까 싶다. 다양한 '독특한 어휘 꾸러미'를 갖고 '잘 사는 방법'을 우리에게 전하는 방식은 산을 오를 때 산 주위를 빙빙 도는 길을 더듬어 가는 것처럼, 독자를 몇 번이나 똑같은 경치와 조우하게 만든다. 하지만 실제로 우리가 만나는 경치는 그때그때 조금씩 등고선이 높은 시점에서 바라본 경치다. 그래서 그의 글을 꾸준히 읽고 음미하다 보면 어느 때 갑자기 경치의 의미가 바뀌는 경우가 있다.

바다가 보이거나 멀리 있는 산이 보이다 보면 경치의 '문맥'이 바뀔 때가 반드시 찾아온다. "아, 이 강은 저 바다로 흘러들어 가는구나!" 같은 느낌이라고 해야 하나.

그리하여 똑같은 이야기가 반복되는 곳에서 독자는 야스토미 교수가 '고도를 올리고 있구나'라고 생각하고 그 높아진 고도에서 새롭게 그리고 더욱 깊고 넓게 다가오는 풍경의 의미를 만끽하면 된다.

박동섭

본문에 나온 도서의 목록

도서 목록은 본문에 나온 순서에 따랐으며, 저자의 책이 아닌
경우에는 앞에 저자(혹은 편자) 이름을 밝혔습니다.

『당신이 살기 힘든 것은 자기혐오 때문이다』あなたが生きづらいのは自己嫌悪のせ
いである(大和出版, 2016)

斎藤文彦 편저, 『참가형 개발 ─ 가난한 사람이 주역이 되는 개발을
향하여』参加型開発 ─ 貧しい人々が主役となる開発へ向けて(日本評論社, 2002)

小島直子, 『입에서 똥이 나오도록 수술해 주세요』口からうんちが出るように
手術してください(コモンズ, 2000)

深尾葉子, 安冨歩 편저, 『황토고원・푸르름을 이어나가는 사람들 ─
'녹성'緑聖 주쉬비를 둘러싼 움직임과 이야기』黄土高原・緑を紡ぎだす人々
─「緑聖」朱序弼をめぐる動きと語り(風響社, 2010)

『화폐의 복잡성』貨幣の複雑性 ─ 生成と崩壊の理論(創文社, 2000)

『원자력발전 위기와 도쿄대학 화법』原発危機と「東大話法」─
傍観者の論理・欺瞞の言語(明石書店, 2012)

『지금을 사는 신란』今を生きる親鸞(本多雅人 공저, 樹心社, 2011)

『경제학의 출항』経済学の船出 ─ 創発の海へ(NTT出版, 2010)

『사는 힘을 길러 주는 경제학』生きるための経済学(NHK出版, 2008)

『복잡성을 살다』複雑さを生きる ─ やわらかな制御(岩波書店, 2006)

마하트마 간디, 『나의 비폭력』わたしの非暴力(森本達雄 옮김, みすずライブラリー,

1997)

앨리스 밀러, 『혼의 살인』魂の殺人―親は子どもに何をしたか(山下公子 옮김, 新曜社, 1983)

아르노 그루엔, 『사람은 왜 미움을 품게 되는가』人はなぜ憎しみを抱くのか

(渡辺真理·上田浩二 옮김, 集英社, 2005)

에리히 프롬, 『악에 관하여』悪について(鈴木重吉 옮김, 紀伊國屋書店, 1965)

『마이클 잭슨의 사상』マイケル·ジャクソンの思想(アルテスパブリッシング, 2016)

단단한 삶

: 나답게, 자립하고 성장하는 사람이 되기 위하여

2018년 2월 4일   초판 1쇄 발행
2024년 9월 4일   초판 5쇄 발행

지은이   **옮긴이**
야스토미 아유무   박동섭

펴낸이	**펴낸곳**	**등록**
조성웅	도서출판 유유	제406-2010-000032호(2010년 4월 2일)

주소
경기도 파주시 돌곶이길 180-38, 2층 (우편번호 10881)

전화	**팩스**	**홈페이지**	**전자우편**
031-946-6869	0303-3444-4645	uupress.co.kr	uupress@gmail.com

	페이스북	**트위터**	**인스타그램**
	www.facebook.com/uupress	www.twitter.com/uu_press	www.instagram.com/uupress

편집	**디자인**	**마케팅**
이효선, 이경민	이기준	전민영

제작	**인쇄**	**제책**	**물류**
제이오	(주)민언프린텍	라정문화사	책과일터

ISBN 979-11-85152-77-6 03190